www.lenos.ch

Ibrahim al-Koni

Die steinerne Herrin

Ergänzende Episoden zum Epos der Tuareg

Aus dem Arabischen
von Hartmut Fähndrich

Lenos Verlag

Arabische Literatur im Lenos Verlag
Herausgegeben von Hartmut Fähndrich

Der Übersetzer

Hartmut Fähndrich, geboren 1944 in Tübingen. Studierte Vergleichende Literaturwissenschaft und Islamwissenschaft in Deutschland und in den Vereinigten Staaten. Seit 1972 in der Schweiz, seit 1978 Lehrbeauftragter für Arabisch an der ETH Zürich. Für Presse und Rundfunk tätig.

Titel der arabischen Originalausgabe:
ar-Rabba al-ḥağarîya. al-wâqâ'i' al-mafqûda min sîrat al-magûs

Satz und Gestaltung: Lenos Verlag, Basel
Umschlag: Anne Hoffmann Graphic Design, Basel
Foto: Alain Sèbe
Printed in Germany
ISBN 3 85787 354 X

Die steinerne Herrin

Inhalt

Die steinerne Herrin

Leuchte anstelle des Mondes,
sobald er sich verborgen!
Tritt an den Platz der Sonne,
so sich verspätet der Morgen!

Denn du besitzt wie die Sonne,
die leuchtende, das Licht.
Doch sie, über Augen und Lippen
wie du verfügt sie nicht.

Umar Ibn Abi Rabîa*

* Dichter aus der Aristokratie von Mekka, gestorben 712 oder 721 n. Chr. Bekannt ist er für seine feinen – und freizügigen – Liebesgedichte.

Eine Seite aus dem Buch der Wüste

Nachdem den Derwisch die Verzückung getroffen hatte und bevor er eine mit Heiligkeit und Entschlossenheit gewirkte Hand hob, um das Organ der Sünde auszureissen, um sich vom Satanischen zu befreien, nachdem die Prinzessin in den Käfig des Geheimnisses eingedrungen und das Vögelchen des Lichts in Gefahr geraten war, gestohlen und geraubt zu werden, und bevor der geheimnisvolle Dolch niederging, um das Haupt des Lebens mit der Schlange abzuhauen, die da unterhalb des Nabels sass – an diesem Barsach zwischen dem Nachher und dem Vorher, in diesem engen Raum zwischen der Ebene und dem Akazienwadi liegt das Tâdrart. Dort erheben sich die majestätischen Gipfel, die sich vom Himmel lösten und auf die Erde herabkamen, damit die Ahnen bei ihnen Schutz finden und sie sich zu Wohnstätten machen konnten, auch zu Wänden, in die sie die Symbole der unbekannten Reise einmeisselten. Am Fusse einer dieser Wände suchte Mûssa, der Derwisch, der hinter Udâd herkeuchte, um ihm die Nachricht der Prinzessin zu überbringen, Schatten im mittäglichen Feuer. Am Fusse dieses Felsens, den die Zeit von der geheiligten Wand getrennt hatte, lag er, gepeinigt von einem Feuer, erbarmungsloser als die mittägliche Sonne, und sorgte sich um die Wunde, die das Vögelchen des Lichts in seinem festen Käfig bedrohte.

Am Fusse des rätselhaften alten Steins, der an seiner Brust die Geschichte der Götter bewahrte und die Geschichte der Wüste barg, sah Mûssa zum erstenmal die steinerne Herrin. Da stand sie stolz an ihrem ewigen Platz. Schaute zu den Gipfeln, dort am fernen Horizont, und erzählte von einer anderen Liebe, erzählte mit der

Zunge des Geheimnisses, mit der Sprache der ewigen Ruhe, der einzigen Sprache, die die Grosse Wüste kennt. Und der Derwisch wusste nicht, warum er in ihrer schlanken Gestalt, in ihrer geheimnisvollen Schönheit die Prinzessin Tênere sah, und dies trotz der Versuche des Kibli, des sengenden Südwinds, sich mit seinen wiederkehrenden Attacken einen Anteil des Bildnisses zu nehmen. Er folgte ihr mit seinem tränennassen Finger, nicht weil er die Ähnlichkeit sah. Er verbrannte und verlor den Verstand, weil er ein noch erbarmungsloseres Geheimnis entdeckt hatte. Die heisse Sehnsucht liess ihn wissen, dass das geliebte Geschöpf sich immer zum Barsach der Unerreichbarkeit entfernt. Dann wird die Verbindung mit ihm unmöglich, weil es den heiligen Raum betritt und sich mit Gott vereint. Und wenn der Geliebte zur Gottheit wird, ist die Verbindung unterbrochen, und er ist nicht mehr erreichbar. An diesem Punkt steht die mörderische Entscheidung: Entweder schreitest du weiter voran, nimmst ihn in Besitz und verschmilzt mit ihm, wirst eins mit ihm, verschwindest und verlierst dich selbst für immer, vergöttlichst also ein irdisches Wesen, wohl wissend, dass dieses niemals die göttliche Schönheit erwerben und niemals in der Lage sein wird, die Stelle Gottes einzunehmen, der in jeder Zeit, an jedem Ort anwesend ist und nicht seinesgleichen hat. Oder du gibst auf und gehst zurück und lässt die eitlen Menschen ihre irdischen Götzen in den Frauen anbeten und sich ihnen mit Leib und Seele unterwerfen und sie an die Stelle dessen setzen, der nicht seinesgleichen hat.

Er wusste nicht, warum ihm die Stein gewordenen Götter dort die Gefahr offenbarten und ihn auf diesen Scheideweg setzten. Er hatte die Gefahr längst gespürt und das Gespenst der Finsternis gesehen, das ihm drohte, als er den Blick der Göttin zum fernen Horizont betrachtete. Einen Blick, der einen Ruf aus der unbe-

kannten Vergangenheit heranträgt und ihn an spätere Generationen weitergibt.

Doch wer ausser den Alten des Tâdrart, die, von Dschinnenfrauen gesäugt, in den Höhlen lebten, vermag das Geheimnis der steinernen Herrin zu kennen und ihre Geschichte späteren Generationen weiterzugeben?

Wer ausser dem harten, geduldigen, ewigen Stein kann das Unterpfand entgegennehmen, das Symbol verteidigen und die Vermächtnisse der Ahnen gegen die verräterische Zeit und den erbarmungslosen Kibli bewahren?

Wer ausser diesen stolzen, schweigsamen, reglosen, traurigen Tafeln gewährte die Verwahrung der Geheimnisse: der Geheimnisse der Götter und der Geheimnisse der Menschen? Sie wurden so zu den unerbittlichen Seiten im Buch der Wüste?

Diese unerbittlichen Seiten, dieser stolze Stein zeigten sich an jenem Tag dem Derwisch gegenüber nicht knausrig, sondern erzählten ihm, mit der Zunge der weisen alten Frauen, vom Geheimnis der steinernen Herrin.

1

Drei Monate nach der Heirat führte er sie weg von ihrer Familie im Tassîli und zog mit ihr hinunter ins Tâdrart, um sich dort den Hirten anzuschliessen und sich ums Vieh zu kümmern. Er entriss sie ihrer Familie, noch bevor ein Jahr vergangen war, was die Schwiegermutter kränkte.

»Glaubst du, wir behielten die Braut nach der Hochzeit ein Jahr lang bei uns, allein um den Willen der Ahnen zu erfüllen?« fragte sie ihn, als sie mit ihm allein war. »Weisst du denn nicht, dass eine Frau der Feindseligkeit der Dschinnen ausgesetzt ist, wenn sie vor Ablauf von zwölf Monaten aus dem Haus ihrer Mutter weggeführt wird?«

»Aber die Wölfe haben ein Drittel der Herde gerissen«, entgegnete er gesenkten Hauptes, »und meine Kamele sind über die Wüsten von Massâk verstreut. Wenn mich meine Tante nicht mit ihrer Tochter ziehen lässt, wird sie einen Mann beherbergen, der ihr Schande bringt, weil er nichts anderes wird tun können, als ihrer Tochter Kinder zu zeugen, die sie statt seiner versorgen muss.«

Sie zog das Tuch über ihrem Kopf fest, bevor sie antwortete: »Wie du willst. Aber eine Frau vor dem Ablauf der zwölf Monate wegzuführen birgt eine grosse Gefahr. Die Dschinnen haben ihre Gesetze, und wir müssen uns an den Pakt halten, den wir von unseren Ahnen geerbt haben.«

Er richtete seinen Turban und suchte nach der richtigen Antwort: »Auch in den Stämmen der Dschinnen gibt es Edle. Im Tâdrart bin ich ihnen begegnet und habe eine grosse Anzahl von ihnen kennengelernt.«

Sie schwieg einen Augenblick. Dann trat sie einen Schritt zurück, um einem Zug Ameisen Platz zu machen, die damit beschäftigt waren, ihr Reich zu bauen. »Tu, was du willst, doch glaube nicht, dass du mich überzeugt hast.«

2

Die Braut war vaterlos, und er hatte weder Vater noch Mutter. Er hatte mit der Mutter im himmlischen Tâdrart gelebt und war umhergezogen von Höhle zu Höhle, von Weide zu Weide, von einem mächtigen Stein zum anderen. Seinen Vater hatte er nicht gekannt. Er hätte sich nicht vorstellen können, dass irgend jemand mit seiner Mutter das Leben geteilt hätte, um ihn aus dem Nichts zu schaffen, hätte ihm die Mutter nicht davon berichtet. Sie begann mit dem Ende der Geschichte. Der Vater sei, erzählte sie, vom Gipfel des Berges gestürzt, als er den geheiligten Mufflon jagte, den die Seele der Ahnen bewohnt. Doch damit begnügte sie sich nicht. Auch den Grund für die Jagd offenbarte sie ihm. Diese Sünde hätte er niemals begehen können, wenn nicht drei Jahre hintereinander das Wasser ausgeblieben und das Tâdrart von der Dürre verbrannt worden wäre. Er habe, so schloss sie, den Preis bezahlt, um seine Nachkommenschaft vor dem Hunger zu retten. Der Wüstenbewohner jage nämlich den Mufflon nur, wenn er am Abgrund stehe und sein Geschlecht vom Verschwinden bedroht sehe. Der Vater erhielt seine Strafe, aber er rettete die Nachkommenschaft vor dem Verschwinden. Dann wies die alte Frau noch darauf hin, dass das Leben im Tâdrart enden würde, wenn sich die Nachkommenschaft nicht in einem Enkel fortsetzen würde. Damals verstand er die Anspielung nicht, weshalb die Mutter sie erläuterte, während sie den Milchbalg nach rechts und nach links schob: »Wenn du das Geheimnis erfahren willst, schau dir die Ziegen an. Wie sollten sich die Ziegen vermehren, wenn das Männchen kein Weibchen fände?«

Als er das Gesicht verschämt hinter seinem Tuch verbarg, wagte sich die alte Frau noch weiter vor und zerriss den Schleier der Scham: »Warum schämst du dich, wo es doch um Sein oder Nichtsein geht? Warum verbirgst du dein Gesicht, wo doch das Leben im Tâdrart der Gefahr des Verschwindens ausgesetzt ist? Hätte dein Vater sich geschämt, gäbe es dich nicht in der Wüste.«

»Mich braucht doch niemand«, sagte er beklommen.

»Was höre ich!« rief sie protestierend und hielt mit dem Hin- und Herschieben des Milchbalgs inne. »Von einem Mann, der es ablehnt, sich mit einer Frau zu vereinigen, sagt sich die Wüste los. Die Frau ist das Schicksal des Mannes. Das ist das einzige heilige Gesetz, das das Tâdrart anerkennt und das die ganze Wüstenheimat billigt.« Um ihm die Möglichkeit zum Widerspruch zu nehmen, offenbarte sie sogleich ihren Plan: »Morgen gehen wir deinen Onkel im Tassîli besuchen. Du wirst in seinem Haus ein Weib sehen, zu dem die Männer der Sippe sagen, wenn kein Mond am Himmel steht: Enthülle dein Gesicht, Tamaddûrt, wir wollen unsere Kamelstuten melken, aber der Mond scheint nicht. Dann enthüllt Tamaddûrt ihr Gesicht und vertreibt für sie die Finsternis der finsteren Nächte. Wer würde eine Frau zurückweisen, die mit ihrem Gesicht die Wüste erhellt und mit ihrer Schönheit den Vollmond am Himmel herausfordert?«

Eine unbekannte Wärme durchströmte seine Brust, und am nächsten Morgen richtete er das Kamel für die Reise.

3

Sie hatte ihm schon dann und wann von seiner Kusine erzählt, der Tochter seines Onkels, aber er hatte nicht erwartet, dass sie Tannît Konkurrenz machen oder dass ihr Gesicht den Vollmond ersetzen konnte, wenn dieser von der Wüste verschwunden war und eine andere Reise im Unsichtbaren angetreten hatte. Sie blieben einige Tage beim Onkel. Die Mutter kam mit ihm überein, die Hochzeitszeremonien im folgenden Frühling durchzuführen. Sie kehrten ins Tâdrart zurück, um die Kamele zusammenzutreiben und sich um das Vieh zu kümmern. Doch die Mutter ging dahin, bevor die Hochzeitszeremonien stattfanden. Plötzlich spürte sie einen Schmerz in der Brust und erlitt einen Hustenanfall; nur drei Tage später war sie tot.

Sie ging weg und liess ihn allein zurück. Sie trat die geheimnisvolle Reise an und überliess ihn der nichtigen, elenden Reise hienieden. Sie reihte sich neben dem Vater in die Prozession im Unbekannten, und ihm blieb nichts, als das Vieh zu weiden und das Geschlecht vor dem Verschwinden zu bewahren. Jawohl. Zweifellos steckte eine Absicht dahinter. Sie hatte ihn zurückgelassen, damit er den uralten Auftrag erfülle, den die Ahnen an sie weitergegeben hatten. Den Auftrag, der die Nachkommenschaft garantiert und das Leben im Tâdrart erhält. Er musste darangehen, die Zeremonien auszurichten und sich mit dem himmlischen Mond zu vereinigen, wenn ihm daran gelegen war, das Wohlgefallen der Mutter zu gewinnen und den Segen der Väter und der Vorväter zu erhalten.

Er zog ins Tassîli und erklärte dem Onkel seinen Wunsch, die Rituale vor Beginn des Frühlings durchzuführen.

4

Für ihn war es eine Reise ins Geheimnisvolle. Sie begann damit, dass er in einem Zelt aus den Häuten wilder Tiere festgehalten wurde. Er entzog sich den Blicken des Onkels, der Mutter der Braut und aller anderer Verwandter. Der Onkel schickte einen Hirten los, der andere Hirten, Wanderer und Reisende brachte, die mit Karawanen ins Innere des Kontinents zogen. Die Leute des Tassîli kamen, auch Frauen waren dabei. Diese bildeten zwei Gesangkreise, einen für das Fest bei Tage, den anderen für dasjenige bei Nacht. Ein grossgewachsener, würdiger Mann kam, angetan mit einem blauen Festgewand, um über die »Schutzzeit« des Bräutigams zu wachen. Er war schweigsam und rätselhaft, doch er liebte den Gesang und die kummervollen Wüstenlieder. Er heisse Âkka, erklärte er ihm, und stamme aus dem Tâdrart, ziehe aber schon seit vielen Jahren umher – von Höhle zu Höhle und von Grotte zu Grotte. Doch die anderen jungen Männer, die an den Zeremonien teilnahmen, behaupteten, er sei ein Chass*, sein Vater sei ein Mann aus dem Tâdrart, seine Mutter aber eine Dschinnenfrau gewesen. Âkka störte sich nicht an dieser Zuschreibung. Er lächelte, beugte sich zum Bräutigam und enthüllte ihm ein weiteres Geheimnis. In der Nacht, als die jungen Männer sich zurückgezogen hatten, sagte er ihm: »Ich habe sie von einer Verwandtschaft zwischen mir und den Dschinnen tuscheln hören. Offenbar wissen sie nicht, dass sie alle zu den Bewohnern des Unsichtbaren gehören. Wann hätten unsere Vorfahren je die Beziehungen zu den Dschinnen unterbrochen? Wann hätten sie je aufgehört, sich mit ihnen zu vermählen? Ich kenne eine Frau im Ahaggâr, die mit einem Dschinnen verkehrt, und ich kenne viele Männer im südlichen Tassîli, die Dschinnenfrauen ehelichten. Ich will damit nur sagen, dass ich nicht nur verwandtschaftliche Beziehungen zu den Bewohnern des Tassîli habe, sondern dass ich sogar, über deine Mutter, mit dir verwandt bin. Auch du gehörst zu den Dschinnen.« – »Aber meine Mutter hat nie von einer solchen Verwandtschaft gesprochen«, sagte Bûcha, worauf

* Mischling aus Mensch und Dschinn

Âkka rätselhaft lachte und das Ende seines Turbans über die Augen herabzog. »Hätte dir deine Mutter denn alles erzählen können?« fragte er. »Es reicht, dass sie dir vom Vermächtnis der Ahnen erzählt und dich davon überzeugt hat, dass die Erhaltung der Wurzel nur durch die Vereinigung mit einer Frau möglich ist. Das ist auch das Vermächtnis der Bewohner des Unsichtbaren.«

»Der Bewohner des Unsichtbaren?« rief Bûcha

»Ja«, bestätigte der ehrfurchtgebietende Dschinn mit der Unerschütterlichkeit seiner Art, »dies ist auch das Vermächtnis der Dschinnen.«

Bûcha war verblüfft. Lange starrte er dem geheimnisvollen Mann ins Gesicht. Die Dunkelheit wich, und der Mond hob zögernd und verschämt sein Haupt. »Ich will dir nicht verschweigen«, sagte er schliesslich, »dass mich das überrascht. Ich habe immer angenommen, dass zwischen ihnen und den Menschen eine Feindschaft besteht und dass sie sich über das Verschwinden der Bewohner der Wüste sehr freuen würden.«

»Deine Annahme ist irrig«, erklärte der Botschafter des Unsichtbaren. »Alle Geschöpfe der Wüste sind verwandtschaftlich miteinander verbunden. Manche von uns entstammen dem Geschlecht des Mufflons, andere Wüstenstämme führen sich auf die Eidechse zurück. Und auch viele Sippen der Bewohner des Unsichtbaren gehören ursprünglich zu den Gazellen und den Eidechsen. Die Dschinnen kehren aus der Finsternis zurück und erscheinen in den Körpern der Bewohner der Wüste, um zu singen, Menschenfrauen zu lieben und in Leidenschaft zu verfallen. Hast du dir schon den Frauenkreis während der Tagesfeste angeschaut? Was glaubt du, wie viele dieser Schönen den Dschinnen entstammen?«

Nach kurzem Schweigen sagte Bûcha: »Es stimmt, der Anblick einiger hat mich ganz schwindlig gemacht. Einer solchen Schönheit können sich nur Dschinnenfrauen rühmen.«

»Du hast recht«, bestätigte Âkka, »unter ihnen sind drei Dschinnenfrauen. Die Schönheit der Dschinnenfrau entgeht keinem Blick. Dennoch ist die Schönheit nicht auf diese beschränkt.«

Als Bûcha nichts dazu sagte, fuhr Âkka fort: »Zum Beweis dafür nenne ich Tamaddûrt. Sie kann es an Schönheit mit jeder Dschinnenfrau aufnehmen, auch wenn ihre Schönheit eine Wüstenschönheit ist, eine menschliche Schönheit. Sie hat sie von der Mutter geerbt.«

»Wirklich?« rief Bûcha entgegen der Regel von Würde und Anstand mit der Ängstlichkeit des Liebenden, worauf ihn der geheimnisvolle Fremde lange betrachtete, bevor er bestätigend seinen blauen Turban bewegte.

5

Bevor die Hochzeitszeremonien in der »Nacht der Übergabe« ihren Höhepunkt erreichten, beging der für die Schutzzeit Verantwortliche einen Fehler, der das Missfallen der jungen Männer weckte und auf den die Familie der Braut die folgenden unseligen Ereignisse zurückführte. Âkka verstiess gegen das Gesetz der Ahnen. Er entfernte aus dem Zelt des Bräutigams alle Waffen und Gerätschaften, die darin aufgehängt waren, um die Bewohner des Unsichtbaren zu schrecken und den Bräutigam vor dem Unheil durch die

Dschinnen zu schützen. Er nahm den Dolch weg, der bei der Zeltstütze stak, um Bûchas Haupt zu feien, und er entfernte das Schwert, das am Eingang hing, um den in Finsternis gehüllten Dämonen entgegenzutreten.

Er vernichtete den Beutel mit Beifuss, den eine der alten Frauen insgeheim in der Ecke des Zeltes festgemacht hatte. Und niemand wusste, wie er, unbemerkt vom Bräutigam, diesem ein altes Amulett abnehmen konnte, das er von seiner Mutter geerbt und in einem mit den Symbolen der Zauberer versehenen silbernen Etui aufbewahrt hatte. Die jungen Männer bemerkten, dass er mit eigener Hand auch noch die geheimnisvollen Talismane entfernte, die die alten Frauen um das Zelt herum da und dort im Boden vergraben hatten. Die jungen Männer witterten eine Arglist und spürten die Gefahr. Am Ende des Nachtfests warteten sie, bis die Frauen weggegangen waren, dann scharten sie sich um ihn und konfrontierten ihn mit seinem Verstoss. Bâchi, ein magerer junger Mann mit einem aschgrauen Turban, erhob sich. Er behauptete, mit der Braut verwandt zu sein, und richtete folgenden Vorwurf an Âkka: »Wir haben noch nie einen Aufseher über die Schutzzeit gesehen und noch nie von jemandem gehört, der die Behausung jeglichen Schutzes beraubt und sie ganz der Gnade der Bewohner des Unsichtbaren überlässt. Die Aufgabe des Aufsehers ist es, das Haus zu feien, ja noch weitere Waffen hinzuzufügen, nicht es des Schutzes zu entkleiden und es nackt und hilflos zu lassen, eine Zielscheibe der Feindseligkeit. Das ist eine Arglist. Ich schwöre beim Gott Anâj, dass dies die Arglist eines zwielichtigen Mannes ist, dessen Herkunft niemand kennt.«

Ein anderer stand auf, kurzgewachsen und etwas dicklich. Er befestigte sein ausgebleichtes Gesichtstuch um die Nase, bevor er sagte: »Es wäre gut, wenn wir erführen, wer der Aufseher über die Schutzzeit ist, bevor wir Vorwürfe gegen ihn erheben. Erkläre diesen Männern, wer du bist, Âkka! Woher du kommst! Welchem Stamm du angehörst! Wer dich als Aufseher über die Schutzzeit des Bräutigams empfohlen hat!«

Schweigen herrschte. Der Mond neigte sich und sandte in dem geheimnisvollen Feuerbrand einen Hinweis herab. Da enthüllte der Fremde sein Geheimnis: »Dem Bräutigam habe ich meine Herkunft schon entdeckt. Ich lebe als Wanderer zwischen den Höhlen. Ich stamme aus dem Tâdrart und gehöre auch zu den Bewohnern des Unsichtbaren.«

Ein Murren ging durch die Anwesenden. Doch Âkka fuhr unbeirrt fort: »Jawohl. Ich leugne nicht, dass ich den Dschinnen ebenso verwandtschaftlich verbunden bin wie dieser Bräutigam hier. Auch er gehört diesem altehrwürdigen Wüstenvolk an, das sich entschlossen hat, auf der Flucht vor der Bosheit des Menschen das Leben im Unsichtbaren gegen das Leben in der Wüste einzutauschen. Denn ihr sollt wissen, dass ihr alle mit den Dschinnen verwandt seid.«

Schweigen. Die Fragen waren erstorben, alle waren überzeugt, dass der rätselhafte Âkka ein echter Dschinn war. Und als niemand etwas dagegen vorbrachte, fuhr er fort: »Auch eure Frauen gehören den Dschinnen an. Sieben davon habe ich während des Nachtfests gesehen. Die meisten von euch verkehren mit Dschinnenfrauen, ohne davon Kenntnis zu haben. Ihr wisst ja, dass die Verbindungen zwischen euch und den Bewohnern des Unsichtbaren nie abgerissen sind, seit diese sich in früher Zeit mit den Ahnen vermählten und vermischten.«

Nach einem weiteren Augenblick des Schweigens vervollständigte er die Überraschung: »Ich gebe zu, dass ich die Waffen aus dem Zelt entfernt und dieses der Talismane entkleidet habe, um dem Wunsch der Bewohner des Unsichtbaren zu entsprechen. Sie wollen an den Zeremonien in Frieden teilnehmen. Ich kann euch aber versichern, dass ich ihren Wunsch erst erfüllt habe, nachdem ich ihrem erhabenen Führer die Verpflichtung abverlangt hatte, die Dämonen und die Bösen fernzuhalten. Genügt euch das nicht?«

Alle schwiegen. Der hagere junge Mann sprang auf: »Ich traue ihrem Führer nicht. Jeder von uns weiss, dass die Dschinnen sich ins Gewand der Würde und der Pracht hüllen, wenn sie Unheil im Schilde führen.«

Âkka protestierte und warnte mit geheimnisvoller Stimme: »Wer schlecht über die Dschinnen denkt, dem bringen sie Unheil.«

»Ich kann ihnen nicht trauen«, widersprach der junge Mann. »Sie haben meinen Vater über die Felsen geschleift und ihn zu Tode geprügelt. Ich will hier nicht schlecht reden aufgrund einer alten Fehde. Aber ich warne davor, dem Bräutigam die Waffen zu nehmen. Das ist etwas scheinbar Gutes, das aber einen Fluch nach sich zieht. Das Gesetz der Ahnen lehrt uns, nie die Waffen aus der Hand zu geben. Der Bräutigam ist in Gefahr, solange er unbewaffnet ist. Er ist in Gefahr! Täuscht euch nicht über die Arglist des Geschlechts der Dschinnen, ihr jungen Männer der Wüste.«

Âkka reagierte nicht auf die Provokation. Er erklärte mit einer Unerschütterlichkeit, wie sie einem Chass, den

Verwandtschaft an die Bewohner des Unsichtbaren bindet, wohl ansteht: »Wenn ich die Talismane und die Eisenstücke nicht ausrangiert hätte, hättet ihr euch heute nicht am Gesang der Göttin erfreuen können.«

»Dem Gesang der Göttin?« fragte der hagere junge Mann befremdet.

»Jawohl. Die schönsten der Lieder, die ihr bisher gehört habt, entstammten den Kehlen der Dschinnenfrauen, die aus der Finsternis des Unsichtbaren gekommen sind.«

»Seltsam!« rief jetzt nicht nur eine Stimme. »Das ist ja unglaublich! Mein eingebundener Kopf ist nicht imstande, das zu verstehen.«

Nun entschloss sich der Bräutigam, der auf dem prächtigen Erdthron sass, einzugreifen. Er richtete sich auf und ergriff zum erstenmal das Wort: »Ihr müsst mir glauben. Mein Kopf schmerzt von der Schönheit dieser Frauen, die ich erkannt habe, weil ich mit ihnen über die Ahnen meiner Mutter verwandt bin.«

Alle schwiegen. Die Geburt des silbernen Planeten vollendete sich. Das Zelt versank in einer rätselhaften Flut.

6

Nach übereinstimmender Meinung der jungen Männer war Âkkas Fall in den ⵋⵍⵍ* während der Nacht, die der Übergabe vorausging, der zweite Fehler, der das Leben des Bräutigams in Gefahr brachte. Er liess den ihm Anvertrauten schutzlos zurück und begab sich auf eine geheimnisvolle Reise zu den Wurzeln. Er fiel in Ekstase, als eine unbekann-

* Adschullal: Ekstase, Verzückung, Rausch

te Frau, von der die Einsichtigen versicherten, sie stamme von den Bewohnern des Unsichtbaren ab, eine Weise sang, die dem Lied des Windes und dem Mund der Höhlen entnommen war. Lange Zeit wälzte er sich auf der Erde. Dann begann er zu zittern und zu zucken wie ein geschlachtetes Tier. Die jungen Männer suchten in aller Hast nach einem Dolch, um damit den Gefangenen der Dschinnen von seinen Fesseln zu befreien. Doch der hagere junge Mann vertrat ihnen den Weg und hielt ihnen entgegen: »Hat dieser zwielichtige Mensch nicht behauptet, den Bewohnern des Unsichtbaren einen Vertrag abverlangt zu haben, wonach sie sich nicht einmischen und unsere Zeremonien nicht verderben würden? Hat er nicht dem Bräutigam seine eisernen Waffen abgenommen und ihn der Wirkung der Amulette beraubt und sich dabei auf diesen angeblichen Vertrag berufen? Lasst ihn doch, damit wir sehen, wie ihn seine Verwandten behandeln, über die er so gut geredet hat! Überlasst den Dschinn seinesgleichen!«

Sie liessen ihn einen Tag und eine Nacht in der Gewalt der Dschinnen. Aber die Bewohner des Unsichtbaren erfüllten ihr Versprechen nicht. Sie liessen ihn im Stich, und so fand er sich einsam und wehrlos ein paar durchtriebenen Dämonen der Finsternis ausgeliefert.

Nun eilten die jungen Männer, den Raum des Bräutigams wieder zu schützen. Sie umgaben das Haus mit Schwertern, Messern und den Amuletten der Zauberer. Sie hiessen den hageren jungen Bâchi, den Bräutigam in die Geheimnisse der Übergabe und der Reise einzuweihen. Bâchi war in Blau gekleidet. An seinem Turban war ein Magieramulett befestigt, das er von seinen Ahnen auf Vaters

Seite geerbt hatte. Er nahm einen mit magischen Symbolen verzierten und in Haussa beschrifteten Dolch und ging, um Bûcha unter vier Augen in die Geheimnisse des Lebens, der Liebe und der Geburt einzuführen. Als er beim Bräutigam eintrat, sass dieser auf dem hohen Erdthron neben der Zeltstütze. Er holte den Dolch aus seinem Ärmel und steckte ihn in die Erde. Dann hockte er sich ihm gegenüber hin und begann in der geheimnisvollen Sprache mit den magischen Ritualen: »Zieh hinaus!«

»Wohin?«

»In den Wind, in die Weite, in die Wolken. Zur Erde. Du wirst im Kibli, im Südwind, verschwinden. In seiner Begleitung wirst du die kahle Wüste durchqueren. Wolken werden sich dir entgegenstellen. Du wirst im Regentropfen dahineilen, wirst mit ihm fallen und zum Boden zurückkehren. Die Erde wird dich aufnehmen, wird dich wiegen, dich hätscheln. Sie wird dich aus ihrem Schoss in die Wiege hinausschicken. Dann wälze dich im Staub, du stolzes Geschöpf, denn du wirst hinabsinken in die tiefsten Tiefen, wie hoch du auch zu den fernsten Himmeln gestiegen sein magst.«

Bûcha beugte sich vornüber und rieb mit der Stirn über die Erde.

Der neue Aufseher über die Schutzzeit fuhr fort mit dem Vortrag der Weisheiten des uralten heidnischen Vermächtnisses: »Jetzt bist du ein neugeborenes Kind. Jetzt bist du ein Geschöpf. Zeige mir, dass du ein Geschöpf bist!«

Der Bräutigam neigte sich nach rechts und nach links wie ein Verzückter.

»Krieche zur Brust deiner Mutter, du Neugeborenes!«

fuhr der neue Aufseher fort. Bûcha stieg von seinem würdevollen Erdthron herab und kroch auf allen vieren bis in die Ecke des Zeltes, um zu zeigen, dass er ein Geschöpf war, das sich im Neugeborenen vollendet hatte.

»Nun offenbart sich das Geheimnis«, belehrte der Aufseher über die Schutzzeit. »Der Erdklumpen trennt sich vom Leib der Mutter.«

Bûcha erhob sich und stand auf seinen Füssen.

Der Aufseher schloss die Augen. »Der lange Weg«, fuhr er kummervoll fort, »beginnt. Der Verlust. Der Verlust. Vor dir, du Geschöpf, liegt nichts als ein einziger Weg, der des Verlusts! Du verlierst und bist verloren.«

Der Bräutigam bewegte sich. Wie ein Wahnsinniger drehte er sich planlos um sich selbst, bis ihm der Aufseher mit einem Zeichen innezuhalten gebot.

»Nicht wird das Geschöpf aus dem Labyrinth des Verlusts herausfinden«, fuhr er mit dem Vortrag des Vermächtnisses fort, »es sei denn, es findet die verlorene Tontafel. Suche nach deinem Weib. In ihrer Umarmung wirst du Erlösung finden.«

Der Bräutigam kehrte zum Erdthron zurück. Ergeben sass er auf dem Platz der Würde, während der Schutzzeitaufseher mit dem Text fortfuhr: »Das Weib wird aus dem Tassîli kommen. Der Mann wird aus dem Tâdrart kommen. Ein Weib, das die Wüstenerde hervorgebracht hat, wird einen Mann treffen, den die Wüstenerde hervorgebracht hat. Erdklumpen wird sich mit Erdklumpen vereinigen, und sie werden sich in der Wurzel finden. Aus der Vereinigung wird die Nachkommenschaft hervorgehen, und die Wurzel wird weiterbestehen.«

Bûcha legte sich auf seinem prächtigen Erdbett zur Ruhe. Er kreuzte die Hände auf der Brust und hielt den Atem an.

Die Stellung der Toten!

Der Aufseher erhob sich und verliess das geweihte Zelt. Er winkte den anderen zum Zeichen, dass die eine Reise abgeschlossen war und die nächste begonnen hatte. Die Frauen stiessen Jubeltriller aus. Die Dichterin sang die frohe Botschaft: »Frohlocke, o Wüste, das Tâdrart wird dem Tassîli begegnen, und der Himmel wird Regen spenden.«

7

Erst in der Nacht des Fests wurde Âkka aus den Fesseln der Dschinnen befreit. Die jungen Mädchen hatten die traurigen Lieder der Wüste gesungen, nicht um den Durst des Verzückten nach dem Unbekannten zu stillen, sondern um die Verbindung zu feiern, die zwischen der Erde des Tassîli und der Erde des Tâdrart vollzogen werden sollte. Die Reiter kamen und vollführten die Mehritänze. Die Jungen versammelten sich und liessen ihre Herzen tanzen, betrübt über ihr ewiges Fremdsein und den schon lange zurückliegenden Verlust des paradiesischen Wâw. Dieser Kummer, so heisst es, der die edlen Wüstenbewohner erschüttert und sie in Verzückung und Ekstase treibt, hat seine Ursache in jenem schicksalhaften Gefühl des Fremdseins, von dem selbst die Weisen nicht wissen, wann es begonnen hat, und die Seher sind unfähig zu erkennen, wann es enden wird.

Auf dem weiten Feld, das den Kreis der Männer von dem der singenden Frauen trennte, kreuzten sich die Mehris zu zweien oder zu vieren bei ihrem stolzen Lauf zwischen Ost und West. Es war, als wiederholten sie in dieser immer gleichen Ordnung den Lauf des Lebens von der Geburt bis zum Tod. Zwei prächtige Reiter machten sich im Osten auf und bewegten sich langsam, sicher und stolz auf die andere Seite. Im selben Augenblick begannen auf der Gegenseite, im Westen, zwei Reiter ihren rätselhaften Gang. Die Boten des Ostens und die des Westens trafen sich in der Mitte, dort, wo die Sängerinnen im Kreis sassen, mit traurig-kummervollen Liedern die Verbindung priesen und eine schmerzvolle Frage zu den Reitern in majestätischem Blau emporsandten: »Was bringt ihr, ihr Reiter des Ostens?« Und die Paradiesjungfrauen antworteten mit der Zunge der Sängerinnen: »Das Leben.« Und auf die an die Reiter des Westens gerichtete Frage antworteten die Dschinnenfrauen mit der Zunge der Dschinnenfrauen: »Das Vergehen und den Tod.« Dann herrschte Bedrücktheit. Doch all dem zum Trotz liessen die Mädchen die wilden Jubeltriller erklingen. Und da tanzten die Herzen der Mehris, und es frohlockten die Herzen der Reiter.

Âkka torkelte an den Sängerinnen vorbei. Er hüpfte auf seinem rechten Fuss, dann wechselte er auf den linken. Mehrfach löste sich das Band um seinen Turban, doch die jungen Männer sprangen heran und machten es wieder fest. Er fiel zu Boden und wälzte sich lange, bevor er sich beruhigte, entspannte und dalag wie ein Toter.

Das war das Zeichen, dass der Durst gelöscht war, und der Hinweis auf die Rückkehr von seiner geheimnisvollen Reise ins Unbekannte.

Der Abend brach an.

Die Mehris verliessen die Ebene. Sie kreuzten sich paarweise im Zentrum und machten so deutlich, dass der

Augenblick des ewigen Abschieds gekommen war. Der Bote des Westens wird nach Osten ziehen, mit ihm seine schmerzvolle Frage nach dem Geheimnis von Leben und Geburt. Der Reiter des Ostens wird nach Westen ziehen, mit ihm seine schmerzvolle Frage nach dem Geheimnis von Tod und Vergehen.

8

Die Zeremonien des Abschieds waren zuende, es begannen diejenigen der Übergabe.

Bei Einbruch der Dunkelheit führten die Frauen die Braut hinaus. Es begann der Weg der Schöpfung, rätselhaft und geheimnisvoll. Ein Weg, der seinen Anfang im Unbekannten nahm, um dorthin zurückzukehren. Unterwegs würde eine Nachkommenschaft gezeugt, die den Fortbestand jenes Rätsels namens Leben garantierte. Ein Weg, begonnen beim Zelt der Mutter und beendet beim Zelt des Bräutigams. Doch die kurze Strecke umfasste eine andere Distanz, eine Spanne von Ewigkeit zu Ewigkeit, eine Reise, deren Raum und Zeit auf immer unbekannt bleiben. Ein geheiligter Ablauf, ohne den es weder Zeit noch Raum gäbe.

Die Frauen zogen dahin im Leichenzugschritt, gehüllt in schwarze Gewänder, einen Magierzauber psalmodierend, Erbe ihrer Ahninnen, der Dschinnenfrauen:

Im Namen Gottes und mit Gott.
Im Namen Gottes zum siebentenmal
Für unsere Tochter, die am Abend
Hinausgeht zur Wohnstatt des Herrn.
Und du, Edler, sitz und schau!
Sie kommt, sie schreitet zu dir hin
Mit vorsichtigem Schritt als wäre sie ein Schatten.
Sie hat den Onkel nie beschämt,
Hat im Leib der Mutter keinen Knochen gebrochen,
Hat kein Tuch vom Haupt des Vaters gezogen,
Hat nie die Stimme wider den Bruder erhoben.
So nähre sie mit Weizen und Datteln,
Schaffe ihr kühlen Schatten aus Seide.
Ihre Mitgift: ein Mehri, dem sieben weitere folgen.
– Dein Brautgeld hat schon den Brunnen erreicht.
– Ich akzeptiere keine Stengel, vor denen selbst alte Kamele sich ekeln,
Lieber will ich geschmeidiger Mehris Stengel.
Sie allein können ins Land der Schwarzen reisen
Und kehren zurück mit Schmuck und Juwel.
– Ich werde nähren, ich werde mästen, ich werde tränken.
– Dann, wenn der Morgenstern leuchtet
Und der Morgenfrühe Licht den Horizont durchbricht,
Vergiss nicht, die Gefangene freizulassen
Und ihr die Ketten zu lösen.

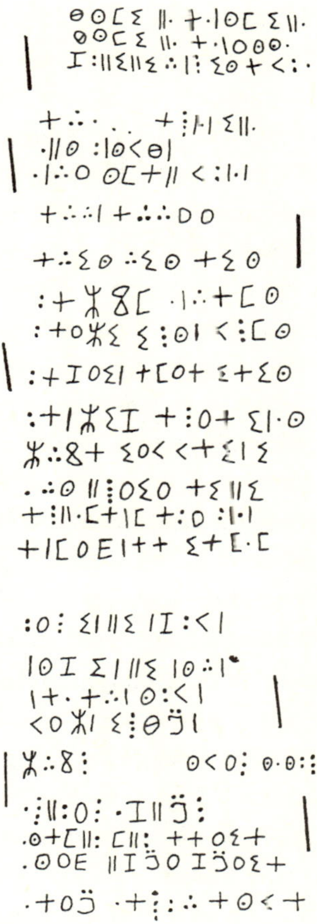

Während des ewigen Weges setzten sie sich, wiederholten Stücke aus den traurigen Gesängen, dann nahmen sie ihren Weg wieder auf, langsam, stolz, kummervoll. Die Männer betrachteten sie aus einiger Entfernung. Andere umkreisten, in Erwartung der Ankunft der Prozession, das Zelt des Bräutigams. In der kahlen Weite herrschte die Stille der Wüste. Die Gipfel des Tassîli folgten neugierig den Ritualen, um von fern die Vereinigung zu überwachen, die die Sympathie des Himmels sucht und Frucht trägt, wenn die verheissene Begegnung vollzogen ist.

Sie sangen die Verse, wieder und wieder, bis der Ruf, der ererbte, der schmerzvolle, zu den Gipfeln drang und ihn die Ahnen vernahmen, die an den Hängen der Berge in ihren Rundgräbern ruhten. Die Stimmen waren in zwei Gruppen geteilt, die im Wechsel sprachen. Die Stammesdichterin übernahm eine Stimme und ward zur Botin, zur Zunge der Braut, während die Schar Mädchen gemeinsam die Entgegnung mit der Zunge des Bräutigams sprachen.

Der Gesang setzte sich fort und fort, und nach jedem Wechsel bewegte sich der Zug ein paar Schritte, bis er schliesslich an der Schwelle des Zeltes haltmachte. Die Anrufungen hielten inne, die Verhandlungen begannen.

Die Frauen scharten sich am Eingang zusammen. Der Bräutigam hockte auf seinem mit einem Kelim aus Twat belegten Erdthron. An dessen Fuss kauerte der Aufseher über die Schutzzeit.

Die Dichterin begann in der Sprache der Anspielung und der Metapher: »Hier sind wir, die Mädchen, schliesslich gekommen. Und nun dürstet uns.« Schweigen. Draussen scharten sich die Buben und die Burschen zusammen und spitzten die Ohren. Der Stamm erwartete die Antwort des Bräutigams, der sich nun schon einige Tage ins Zelt zurückgezogen hatte. Doch die erwartete Antwort kam nicht. Die Mädchen begannen zu tuscheln. Das Schluchzen der Braut war zu vernehmen. Die Dichterin sah sich gezwungen, einen weiteren Anstoss zu geben: »Hier sind wir, die Mädchen, schliesslich gekommen. Und nun dürstet uns.«

Der Aufseher beugte sich zum Bräutigam und flüsterte ihm das geheime Wort ins Ohr. Dann zog er sich zurück, und der Bräutigam sprach das Erwartete: »Wer kommt und dürstet, werde getränkt.«

Die Dichterin atmete erleichtert auf. Aus den Kehlen der Mädchen löste sich ein plötzlicher begeisterter Jubeltriller. Die Braut weinte und schluchzte. Die Dichterin setzte, in der Sprache der Dschinnenfrauen, den alten Rätselwettkampf fort.

»Hier sind wir, die Mädchen. Und nun hungert uns.«

Diesmal sprach der Gemeinte die Antwort ohne Bâchis Einflüsterung: »Wer kommt und hungert, werde gesättigt.«

Wiederum stiessen die Mädchen Jubeltriller aus, und wiederum weinte die Braut.

Bâchi holte aus der Ecke des Zeltes einen ledernen Beutel. Er entnahm ihm blaue Kleider und lederne Sandalen, von denen der Duft von Parfüm und der Geruch der Färbemittel ausging, die bei der Einarbeitung der Zaubersprüche in das Leder benutzt worden waren. Er überreichte der Dichterin das Geschenk. Sie untersuchte es aufmerksam. Dann hub sie zu weiteren traurigen Gesängen an. Hielt inne. Die Zeremonien des alten Lebens näherten sich der Vollendung.

Sie brachte die Braut und übergab sie dem Bräutigam, legte Hand in Hand. Und da begann ein anderes Leben.

9

Tamaddûrt enthüllte ihm ihr Gesicht, das mit dem Vollmond des Himmels wetteiferte und die Finsternis des geweihten Zeltinnern erleuchtete. Er verschwand in dem angenehmen nächtlichen Körper und vernahm nicht das Schluchzen der Göttin, das die jungfräuliche Wüstennacht verletzte, Erfüllung des Willens der Ahnen, vermischt mit der Angst vor der Ungewissheit einer neuen Geburt.

10

Als das Licht der Morgenfrühe den Horizont durchbrach und das geheimnisvolle Zeichen gab, das der Leidenschaft Einhalt gebot und den Körper des Himmels vom Körper der Wüste trennte, liess er die Gefangene frei. Ausserhalb des Zeltes leuchtete der Morgenstern, und er war sicher, das im Brautgesang festgehaltene Vermächtnis befolgt zu haben. Die Braut ging zurück zum Haus ihrer Familie, und er ging hinaus, um sein Bedürfnis zu erledigen. Er durchquerte die kahle Fläche, die zu den Tälern führte, atmete die Luft des Morgens und genoss die offene Weite. Er fühlte sich leicht wie Wolle, wie ein Windstoss. Er ging hinaus aus dem geweihten Raum des Zeltes und zerbrach die Kette der sieben Tage währenden Zeremonien. Wie sollte er sich nicht wie neugeboren fühlen? Wie sollte jemand sich nicht glücklich fühlen, der eine Wüstengöttin sein eigen nennt, die mit ihrem runden Gesicht die Finsternis erhellt? Wie sollte jemand nicht das Gefühl haben, neugeschaffen zu sein, der eine Reise angetreten und einen geheiligten Samen gesetzt hat, um die Wurzel vor dem Verschwinden zu retten und das Leben in die Wüste zu senden? Wie sollte er nicht froh sein, nun da er dem Aufruf der Mutter gefolgt war und das Vermächtnis der Ahnen erfüllt hatte?

Er schritt die Anhöhe hinab, die ins Wadi führte. Erst jetzt merkte er, dass er ohne Waffe unterwegs war. Er tastete in seinem Ärmel. Sogar den Dolch hatte er im Zelt vergessen. Augenblicklich verwandelte sich sein Glücksgefühl in Entsetzen. Er erinnerte sich an Bâchis Ermahnungen, und schreckliche Geschichten fielen ihm ein, die davon erzählten, wie die Dschinnen mit Vorliebe den Bräutigam anfallen, bevor die Woche der Schutzzeit um ist. Nichts kann also die Bewohner des Unsichtbaren mehr erfreuen, als den Bräutigam ausserhalb des geweihten Raums anzutreffen ohne die Begleitung des Vormunds und ohne eine Waffe aus Eisen oder ein Stück Kupfer. Er erwartete das Unheil und war bereit für die Schläge. Die ganze Wüste bedrohte ihn rachsüchtig. Er ahnte es. Die fernen Berggipfel verwandelten sich in abscheuliche Geister, die Schlimmes verhiessen. In diesem Augenblick hörte er Steine rollen, und hinter dem Akazienbaum bewegte sich etwas. Bûcha machte sich bereit zum Kampf mit den Bewohnern der Finsternis. Doch dann erblickte er die Gestalt eines Mannes mit einem dunklen Gesichtstuch, der, nachdem auch er sein Bedürfnis verrichtet hatte, gerade den Strick um seine Hose zuband. Die Haare standen Bûcha auf der Haut wie Dornen, doch der Fremde traf keine feindseligen Anstalten. Die beiden Männer näherten sich einander. Bûcha ballte die Hand zur Faust und straffte alle seine Muskeln. Doch in dem Augenblick, als der Streit zwischen dem Menschenmann und dem Dschinnendämon hätte beginnen sollen, geschah etwas Überraschendes, das die Kampfeslust in Verblüffung verwandelte. Bûcha entdeckte, dass die geheimnisvolle Gestalt kein von den Bewohnern des Unsichtbaren entsandter Dschinn war, sondern niemand anders als sein Onkel. Jawohl, sein Onkel, der Bruder seiner Mutter. Was sollte er jetzt noch Gutes für diese Reise erwarten, die noch kaum begonnen hatte? Welcher Fluch fiel auf sein Haupt, noch bevor er sich auf die rätselhafte Wanderung gemacht hatte, von der er noch vor kurzem glaubte, sie sei der Weg zur Glückseligkeit und zur Ewigkeit? Welche Katastrophe hatte das Schicksal für ihn ausersehen? Jawohl. Das Schicksal tauschte den Dschinnen gegen etwas noch Schlimmeres. Das Schicksal führte ihm den Onkel über den Weg, kaum dass er das eheliche Lager, den heiligen Raum, verlassen hatte, wenige Augenblicke nur, nachdem sich der Körper des Himmels von dem der Wüste getrennt hatte. Wenige Augenblicke nur, nachdem er sich vom Körper aus dem Samen des Onkels getrennt hatte. Ihr Atem war noch in dem seinen, ihr Speichel war noch in dem seinen, die Wärme ihres Körpers strömte noch durch den seinen. Wie würde sich die Wüste rächen? Was hielt der Himmel in diesem Zeichen bereit?

Er wandte sein Gesicht ab und machte kehrt. Er rannte, bis er zum Zelt kam und im heiligen Raum Schutz fand.

11

Bâchi kam. Er erzählte ihm, was geschehen war. Er war damit beschäftigt, das Feuer zu entfachen. Er hockte sich hin, um Tee zu kochen.

»Nun hat die Bestrafung eingesetzt«, sagte Bâchi. »Du hast die Vermächtnisse der Ahnen missachtet und dich der Hand eines unbekannten Menschen anvertraut, von dem sich herausstellte, dass er zu den Bewohnern des Unsichtbaren gehört. Er hat dich des Schutzes durch Schwerter und Eisen beraubt und dich der Gnade der Bewohner der Finsternis überlassen. Der erste Fehler bestand darin, auf die Waffen zu verzichten. Und dann hast du es offenbar auch noch für richtig gehalten, den Schutzraum ohne einen Dolch zu verlassen. Du bist deinem Onkel begegnet, weil du dich deines Dolches entäussert hast.«

»Wo ist Âkka? Ich will ihn sehen«, brummte Bûcha.

»Er ist verschwunden«, erwiderte sein Aufseher kalt.

»Verschwunden?«

»Er hat den Durst gelöscht und ist verschwunden. Er ist verschwunden, nachdem er stundenlang getrunken hat.«

»Wohin kann er verschwunden sein?«

Bâchi schaute ihn missbilligend an. »Wurde nicht behauptet, er habe verwandtschaftliche Beziehungen zu den Dschinnen? Das Unsichtbare ist seine eigentliche Heimat.«

»Seine Heimat?«

»Das Unsichtbare ist die einzige Heimat der Dschinnen. Ich zweifle nicht, dass er in die Finsternis zurückgekehrt ist, nachdem er erreicht hat, wozu er gekommen war.«

Die Missbilligung übertrug sich auf Bûcha. »Wozu er gekommen war?«

Bâchi begann den Tee zu rühren. »Wenn dein Onkel auftaucht«, murmelte er rätselhaft, »während du noch im Zustand der Schutzzeit festgehalten bist – was könnte denn Schlimmeres geschehen?«

»Ich will ihn sehen«, murmelte Bûcha nach einigem Zögern.

»Es ist besser, du siehst ihn nie wieder«, widersprach Bâchi. »Sein Auftauchen hat nichts als Unheil bewirkt.«

Die jungen Männer kamen. Sie zogen ihre Sandalen aus und betraten barfüssig den geweihten Raum. Sie schüttelten Bûcha die Hand, dann dem Aufseher über die Schutzzeit. Danach liessen sie sich gemessen am Eingang nieder.

Auch die erste Schar Mädchen kam. Sie brachten lederbespannte Trommeln mit und einsaitige Musikinstrumente, und bald klagte die traurige Saite unter dem Strich der einzigen himmlischen Saite. Es erklang die Melodie und sang vom Elend der ewigen Weglosigkeit.

Das erste Gesangsfest nach der Übergabe begann.

12

Er liess die junge Frau bei ihrer Familie und kehrte zu seinem Vieh im Tâdrart zurück. Die Kamele waren auseinandergelaufen. Die Wölfe hatten die Ziegenherde heimgesucht, die er einem Hirten anvertraut hatte. Dieser hatte sich nicht um sie gekümmert, und so waren sie dahin und dorthin gelaufen und hatten sich in die fernen Wadis vorgewagt, wo die Hälfte von ihnen gerissen wurde. Er sammelte das Kleinvieh und folgte der Spur der Kamele. Einige fand er in Massâk Satfat, eine Anzahl Kamelstuten später in Massâk Millat. Doch es gelang ihm nicht, die ganze Herde wieder zusammenzubringen. Er kehrte ins Tassîli zurück, um der Familie seiner Frau zu eröffnen, er werde fortgehen. Dazu wollte er einen Boten vorausschicken, um den Puls zu fühlen und den Onkel zu überzeugen. Doch musste er feststellen, dass der Bote zunächst selbst überzeugt werden musste. Einen Tag und eine Nacht stritt er mit ihm und erzählte ihm von der Grausamkeit der Wüste und erklärte ihm, er müsse allein mit seiner Frau sein, um sein Haus zu bauen und sein Leben einzurichten. Schliesslich sagte er, er sehe keine andere Lösung, als die Tochter von der Familie wegzuführen, und wenn diese sie nicht gehen liesse, würde er ihnen das Haus mit Kindern füllen, die niemanden hätten, der sie ernährt. Die Wölfe nämlich würden das Vieh reissen, und die Dürre würde die Kamele umbringen. Der Begleiter versprach, ohne Überzeugung, dem Onkel die Botschaft zu überbringen. Zwei Tage später kehrte er zurück und teilte ihm mit, der Onkel finde, das Schicksal der Frau sei es, dem Mann sofort nachzufolgen, die Mutter des Mädchens müsse er aber selbst überzeugen, wenn er etwas zu tun gedenke, das den Lehren der Ahnen zuwiderläuft. Doch offenbar hatte sich der Onkel schon sehr bemüht, die Schwiegermutter umzustimmen. Er fand den Weg bereitet und musste keine heroische Anstrengung unternehmen, um ihre Zustimmung zu erhalten.

13

Im Tâdrart tauchte er aus der kahlen Weite auf.

Er war hinausgegangen, um in den Bergwadis nach den Kamelen zu suchen, da kam Âkka aus der roten Erde, als hätte er sich aus ihren blutig-harten Steinen gelöst. Er trug schäbige Ledersandalen. Über seinem Gesicht lag ein armseliges Tuch, aus dem die Sonne die Farbe gesaugt und darin das Dunkel und die Vergänglichkeit eingezeichnet hatte. Das blaue Gewand hatte er durch einen bleichen

Kaftan ersetzt, an dem auch die Sonne schon das Ihre getan hatte. Unter einem majestätischen Bergbrocken stehend, beobachtete er ihn, wie er das Wadi durchquerte, das bedeckt war mit einem Teppich aus vulkanfeuerverbrannten Steinen, und zu dem Felsblock hinaufging. Er liess ihn näherkommen, ohne ein Wort zu sagen, ohne sich zu bewegen, ohne ein Zeichen zu geben. Als Bûcha dann aufsah und vor dem blutroten Felsfleisch das menschliche Geschöpf erkannte, blieb er stehen und machte sich bereit, den Dschinnenschlag zu empfangen; gleichzeitig verlangsamte er seinen Schritt, um seine Überraschung und seinen Schauder unter Kontrolle zu bringen. Âkka lächelte nicht. Er zog auch nicht den Saum des Gesichtsschleiers herab, um seine Augen zu verbergen.

Als Bûcha seine Fassung wiedergewonnen hatte, schleuderte er ihm die Frage ins Gesicht: »Bist du ein Mensch oder ein Dschinn?«

»Gibt es im Tâdrart einen Unterschied zwischen diesen beiden?« gab Âkka so rasch zurück, als hätte er die Frage erwartet.

Gemeinsam wanderten sie zwischen den urzeitlichen Felstürmen hindurch, die sich erst aneinanderdrängen und ineinander verschlingen, sich dann voneinander lösen und einzeln in jenen Wadis stehen, die sich in Windungen und Biegungen in die fernen südlichen Wüsten ziehen. Dort, wo sich die Häupter der göttlichen Formationen einander annähern, um die unteren Wadis zu würgen, tauchen die Symbole der Altvordern in klaren Linien auf dem Fleisch des ehrwürdigen Felsens auf. Die tief in den Stein geritzten ehrfurchtheischenden Menschen- und Tiergestalten scheinen bereit, sich aus dem Körper des Felsens zu lösen und lebendig hinaus in die Wadis zu treten. Andere Geschöpfe dagegen, mit Taftast* und ähnlichen Farben gemalt, sind trist und traurig. Zwar verachten sie die Zeit, aber sie suchen doch den Schutz des Steins, feien sich durch den Fels aus Furcht vor einem unsicheren Leben angesichts der trügerischen Zeit. So bestehen die Botschafter der Ahnen aus zwei Gruppen: Die einen, in den Leib des Steins gehauen, erwarten ungeduldig die Auferstehung und sehnen sich nach dem Leben, während das Verhalten der anderen, die mit den Farben der Erde und dem Blut der Wüste gemalt wurden, Askese und Zurückgezogenheit offenbart.

»Dein Verschwinden hat mich ratlos gemacht«, begann Bûcha. »Nach deiner Befreiung aus der Gefangenschaft habe ich nach dir gesucht.«

Âkka blieb neben einem gewaltigen würfelförmigen Felsen stehen. Ein Stück eines Berges. Herabgerollt aus der Höhe und liegengeblieben am Eingang des Wadis. Gelöst vom himmlischen Gipfel durch ein Erdbeben oder einen göttlichen Donnerschlag. Auf allen vier Seiten war er mit den Zeichnungen, den Symbolen und den Vermächtnissen der Ahnen versehen. Priester und Frauen mit mythischen Brüsten bedeckten die Seite, die auf die blanke Erde gerichtet war. Sie gehörten zu den in den Fels geritzten Boten, die vor Sehnsucht brannten, sich aus der Gefangenschaft der Zeit und der Geschichte zu befreien und hinauszutreten ins jungfräuliche Wadi, um die Rituale der Jagd, der Liebe, des

* bräunlichrote Farbe, mit der prähistorische Künstler die Felsen der Grossen Wüste bemalt haben

Gesangs zu vollziehen und die Gebete der Dankbarkeit an die Götter zu richten.

Âkka blieb stehen und betrachtete einen ehrfurchtgebietenden Priester, auf dessen Kopf eine Maske aus unbekanntem Leder lag und der eine speerartige Waffe schwenkte. Er betrachtete ihn lange. Führte mit ihm ein Gespräch in der geheimnisvollen Sprache der Dschinnen. Dann wandte er sich um und verliess den heiligen Raum der Ahnen, um Bûcha auf seine irdische Frage zu antworten: »Auch ich wollte dich sehen, um dir zu erzählen, was ich unterwegs erlebt habe, aber Bâchi hat mich daran gehindert.«

»Wirklich?«

»Wie soll der Sultan auf dem Thron erfahren, was die Aufseher mit der Herde tun?«

Bûcha schwieg einen Augenblick. Er rollte Steine umher, in denen das Geheimnis der Ahnen wohnte. »Ich sehe«, sagte er dann, »dass du für mich nach Rechtfertigungen suchst. Hast du mir verziehen?«

»Wer nicht verzeiht, kostet nicht den Geschmack von Glückseligkeit oder Seelenruhe.«

»Das ist die Sprache der Weisen und der Stammesführer. Haben dich die Dschinnen diese Weisheit gelehrt?«

»Wer ausser den Dschinnen könnte Weisheit lehren?«

»Du hast mir noch nicht von deiner Reise erzählt. Erzähl mir von der Reise der Ekstase und der Gefangenschaft. Was hast du unterwegs gesehen? Wie hast du Ketten und Gefangenschaft ertragen?«

»Hast du je die Ekstase erlebt?«

Bûcha bewegte verneinend den Kopf. Er schob einen weiteren Stein umher und sagte: »Ich gehöre nicht zu jenen

Wesen. Ich gehöre nicht zu den Leuten des Geheimnisses.«

»Das kann ich kaum glauben«, bemerkte Âkka. »Man sagt dir eine Verwandtschaft mit den Dschinnen nach, und da solltest du nicht zu den Leuten des Geheimnisses gehören?«

»Mir wurde nie das Paradies des Geheimnisses gewährt. Vielleicht, weil in meinem Blut das Menschliche überwiegt.«

»Genau!« Âkka begrüsste das Bekenntnis. »In deinem Blut überwiegt das Menschliche. Das ist der Grund. Das ist mir klargeworden, als ich die Aufsicht über die Schutzzeit übernehmen wollte.«

»Ich bin aber unparteiisch geblieben. Ich habe beide Seiten ihrem Schicksal überlassen.«

»Wenn du dich nicht auf Bâchis Seite gestellt hättest, hätte er sich nicht deines Nackens bemächtigt und mich meines Amtes enthoben.«

»Das geschah erst, nachdem du in diese Gefangenschaft geraten warst. Warum bist du auf die unbekannte Reise gegangen und hast mich schutzlos zurückgelassen? Weisst du nicht, dass du mein Leben der Gefahr ausgesetzt hast?«

»Die Gefahr liegt darin, die Schwerter und das Eisen in den heiligen Raum zurückzubringen. Dadurch, dass man die Waffen zurückbringt, verstösst man gegen den Vertrag und bricht einen Pakt, zu dem sich die Bewohner des Unsichtbaren verpflichtet haben.«

»Bâchi versichert das Gegenteil. Die Entfernung der Waffen aus dem heiligen Raum, sagte er, war der erste Fehler. Ohne diesen Fehler hätten die unheilvollen Vorgänge nicht ihren Lauf genommen.«

»Die unheilvollen Vorgänge?« fragte Âkka neugierig. Er war stehengeblieben.

»Ja. Am Morgen nach der Übergabe ging ich hinaus, um ein Bedürfnis zu verrichten. Gleichzeitig ging auch mein Onkel hinaus, und wir begegneten uns.«

»Ich wusste, das würde geschehen«, sagte Âkka rätselhaft.

»Bâchi versicherte, diese Begegnung hätte nicht stattgefunden, wäre ich nicht waffenlos gewesen.«

Âkka schwieg lange.

Das Wadi fiel nach Osten ab; sein Nacken verengte sich durch die Felsen, die die Götter dorthin gerollt hatten, um die Fluten zu verlangsamen.

»Es gibt noch ein anderes böses Omen, von dem Bâchi dir nichts erzählt hat.« Âkka wartete keine Reaktion ab. »Die Braut ist in der Nacht der Übergabe nicht geflohen.«

Bûcha blieb stehen. In seinen Augen sah Âkka einen geheimnisvollen Glanz. Er nahm den Gang wieder auf und schlug mit dem Stock gegen Steine. Die Stille der Wüste lag über allem. Die himmlischen Gipfel lauschten. Die Atemzüge der Geschöpfe, die an den Felswänden wohnten, folgten rasch aufeinander. Die weisen Dschinnen brummten und warteten auf die Antwort.

Bevor der Begleiter etwas sagen konnte, sprach der Gefährte: »Das ist viel schlimmer, als dass der Onkel in die kahle Weite hinausgegangen ist. Vielleicht war ja die Begegnung mit dem Onkel die Ursache für das ganze Unglück.«

»Niemand hat mir erzählt, was geschah.« Bûcha war ratlos. »Warum hat Bâchi mir das nicht gesagt?«

»Ich habe nie daran gezweifelt, dass die Übernahme der Aufsicht über den geweihten Raum durch Bâchi eine Arglist war.«

»Von seiten der Bewohner der Wüste oder von seiten der Bewohner des Unsichtbaren?«

»Ganz sicher von seiten der Bewohner der Wüste. Nur die Menschen beherrschen die Arglist so gut.«

Dann langes Schweigen, das Bûcha schliesslich brach. »Du hast mir noch nicht von der Reise erzählt. Erzähl mir von dieser Gefangenschaft!«

Wieder lauschten die Ahnen in den Steinen.

Die Dschinnen in den Höhlen hoch oben hörten insgeheim zu.

Doch statt von seiner Reise ins Land des Unbekannten zu erzählen, rief Âkka schmerzvoll klagend aus:

Kaum behagt uns das Leben, da beginnt das Vergehn,
und die Tage, die noch gegeben, uns nur noch als Büsser sehn,
die bittend die Blicke erheben und Gottes Vergebung erflehn.

Die Steinblöcke warfen den Schmerzensgesang zurück. Die gemalten Geschöpfe wurden noch trauriger, und den Augen der eingeritzten Schönen entströmten heisse Zähren.

Nun erzählte Âkka im selben schmerzlichen Ton von der Gefangenschaft: »Elend, wem nicht die Reise in die erste Zeit gegeben ist! Bedauernswert, wem nicht erlaubt ist, die Wüste zu durchqueren! Verloren, arm und miserabel, wer an die Schranken des Körpers gebunden bleibt und sich zufriedengibt mit den Grenzen der Wüste, wer nie ins geheimnisvolle Unsichtbare hinausgetreten ist. Denn die Ewigkeit ist nicht in der Wüste. Sie gehört allein dem Unsichtbaren. Dieses allein besitzt das erste Geheimnis.«

Bûcha unterbrach ihn mit dem Eifer dessen, den es nach dem Wissen um das Unsichtbare verlangt: »Hast du die Vorfahren gesehen? Berichte mir von den Vorfahren!« Doch Âkka, ergriffen, wie er war, erzählte eine andere Geschichte: »Ich sah ein Land, durchzogen von Wadis, durchströmt von Wasser. Die Fluten kamen aus dem Unbekannten und kehrten dorthin zurück. Der Himmel grollte donnernd, der Wolkenschleier zerriss und zog die Finsternis vom Gesicht der Götter. Auf den weiten Ebenen erhoben sich die Pflanzen von Feldern. Darauf weideten Mufflon, Gazelle und Büffel. Ich sah auch die Menschen über die Höhen streifen und listenreich den edlen Mufflon der Berge jagen. Zauberer sah ich, die das Bildnis des Gottes der Höhen in den glatten Stein ritzten, das prächtige göttliche Abbild malten und den magischen Namen flüsterten: Udâd, Udâd, Udâd*. Sie fassten das Wort in Schrift, gaben ihm eine Form, malten es mit Taftast, mit Blut aus dem tiefen Leib der roten Erde. Wenn der Zauberer das Zeichen vollendet, das Gemälde abgeschlossen hat, erscheint der Mufflon. Er nähert sich der Versammlung, geht, das Gemälde zu betreten, den Namen, und stürzt in die Falle. Die Jäger umgeben ihn, um von seinem heiligen Fleisch zu essen. Sie verteilen die göttliche Nahrung untereinander. Dann tanzen und weinen sie drei Tage lang. Jawohl. Drei Tage lang müssen sie weinen, um einen neuen Gott in die Falle zu locken. Doch die Weisen hüten sich, den Mufflon beim Namen zu nennen. Sie rufen ihn bei seinem erhabenen Übernamen: Amghâr**. Und

* Udâd heisst Mufflon

** Tamâhakwort mit der Bedeutung: alter Mann, Scheich, Vater, Ahn, Stammesführer wenn er säumt, klagen sie mit schmerzvollen Stimmen: ›Amghâr, Amghâr, komm her. Lass deine Söhne nicht hungern. Gib deine Söhne nicht dem Untergang preis. Amghâr, Amghâr, komm her, komm näher. Wir freuen uns, so du kommst, und wohnen mit dir im Stein. Schau, wir haben dir neben uns eine Zufluchtsstätte bereitet. Im Stein der Höhle wirst du für immer bei deinen Söhnen wohnen.‹ Das ist die Sprache der Wissenden, derer, die sich auf die Anspielung verstehen und auf das Sprechen in Zeichen.«

Âkka schwieg, aber er zitterte noch immer. In seinen Augen lag der Glanz der Ekstase, des Wahnsinns.

14

Âkka nahm das Angebot an. Bûcha schlug ihm vor, er könne ihm für ein Entgelt von fünf Ziegen und einem Kamel pro Jahr auf der Weide zur Hand gehen. Aber Tamaddûrt wurde krank; bei seinem ersten Blick wurde sie von Kopfschmerzen befallen. Sie wehrte sich dagegen, dass man ihn anstellte.

»Das Auge dieser Kreatur ist nicht wie andere Augen«, sagte sie zu ihrem Mann. »Ich habe sofort Kopfschmerzen bekommen, als sein Blick auf mein Gesicht fiel.«

Aber Bûcha kümmerte sich nicht um den Einwand. Er glaubte nicht an das Auge als Ursache für Kopfschmerzen. Die Frau genas. Eines Tages ging sie hinter der Ziegenherde hinaus. Draussen auf der Weide tauchte Âkka vor ihr auf, aus der Erde, wie er zuvor in den Wadis der Berge ihrem Mann erschienen war. Das Herz in ihrer Brust machte vor Entsetzen einen Sprung, doch er lächelte. Er bewegte sich ein paar Schritte auf sie zu, und sie nahm in seinen Augen etwas wahr, was sie noch nie in den Augen irgendeines Geschöpfs gesehen hatte. Er entfernte sich, stieg den mit einem Kieselteppich bedeckten Hügel hinauf und verschwand dschinnengleich, wie er erschienen war. Tamaddûrt kehrte schwindlig und fiebrig ins Zelt zurück und legte sich neben die Zeltstütze, spürte aber keine Besserung. Am Abend verschlimmerte sich ihr Zustand. Sie begann sich zu übergeben. Als ihr Mann zurückkam, verheimlichte sie vor ihm das Auftauchen des Hirten. Er bereitete ihr etwas Beifuss, vermischt mit wilder Kamille, und rieb ihr die Stirn mit einer Salbe ein, die von den wilden Tieren des Dschungels stammte. Ihr Körper troff von Schweiss, und das Fieber ging zurück. Bevor der Schlaf sie überwältigte, flüsterte sie ihrem Ehemann ins Ohr: »Wer dir ins Gesicht schaut, vertilgt ein Stück von deinem Fleisch.«

15

Sie erzählte ihm von der Fähigkeit der bösen Wesen der Wüste, den Menschen das Leben zu entwenden und mit dem Blick den Gesichtern das Blut zu entziehen. Von ihrer Mutter habe sie erfahren, ihre Grossmutter sei unachtsam gegenüber einer bösen Nachbarin gewesen, weshalb diese ihr Blut getrunken habe. Die Nachbarin, eine Zauberin, war aus Kano geflohen, als der Hunger den Dschungel heimsuchte. Sie wohnte bei ihnen im Tassîli und zog mit ihrem Mann durch die Asdschirrwüsten. Sie war eine dämonische Mulattin, aber das Schicksal hatte ihr keinen Nachwuchs gegönnt. Wenn sie miteinander stritten, warf ihr Mann ihr Unfruchtbarkeit vor und bezeichnete sie als verdorrtes Land. Die beiden bewarfen sich dauernd mit Schimpfworten und verfluchten einander in Haussa. Die Grossmutter war mehrfach gezwungen, schlichtend einzugreifen und zwischen ihnen zu vermitteln und Frieden zu stiften. Sie wusste nicht, dass die vermittelnde Besänftigung streitender Eheleute den Vermächtnissen des verlorenen Buches zuwiderläuft.

Eines Tages kam die Nachbarin barhäuptig zu ihr gelaufen, das krause Haar zerzaust, die Zöpfe staub- und sandbedeckt. Stücke von Flussmuscheln hingen aus ihren elenden Zöpfen, und obwohl das Feuer in ihren roten Augen brannte, hörte sie nicht auf, Olibanum zu kauen. Ihre Mutter habe ihr oft von der Leidenschaft dieser Frau für Olibanum erzählt, sagte sie. Sie tauschte es bei den Karawanenhändlern gegen Gold und kaute es sogar noch, wenn sie schlief. Nicht einmal ihr Mann kannte den Grund dieser Leidenschaft. Erst viel später erhielt die Grossmutter Gewissheit, dass diese Gewohnheit eine geheimnisvolle Beziehung zur Magie hatte. Damals jedoch beruhigte es die Grossmutter, dass das Dschinnenweib olibanumkauend ins Zelt kam. Ihr Zustand sei nur eine vorübergehende Aufwallung von Irrsinn, wie ihn die Haussaneger eben hätten, sagte sie sich. Steht doch im verlorenen Anhi, der Neger sei kein echter Neger, wenn ihn nicht hin und wieder der Wahnsinn überkäme.

Aber die Gutmütigkeit der Grossmutter war fehl am Platz. Die Frau blieb bei ihr und kauderwelschte in Haussa. Dann nahm sie eine Handvoll Sand und liess ihn der Grossmutter über den Kopf rieseln. Bevor sie wegging, bedrohte und beschimpfte sie die Grossmutter noch und lallte, das nächste Mal werde sie sie umbringen. Die Grossmutter erkundigte sich erschreckt bei den Nachbarinnen, was das zu bedeuten habe, und erfuhr, es sei die Eifersucht, die den Körper der Mulattin vergiftet habe; sie glaube, die Grossmutter plane insgeheim, sich ihres Mannes zu bemächtigen. Die Grossmutter war Witwe. Ihr Mann, also der Grossvater mütterlicherseits, war einer Arglist namens »Tatzenschlag« zum Opfer gefallen. Sie hatten nur eine Tochter, die Mutter, gehabt. Die Grossmutter war bei ihrer Familie geblieben und mit ihr auf der Suche nach Weidegründen durch die Regionen des Asdschirr gezogen. Sie hatte sich in ihr Schicksal gefügt und die Ehe und die Männer während der vergangenen Jahre vergessen. Als die Nachbarinnen ihr den Grund für die Aufwallung der mulattischen Nachbarin nannten, wies sie den ungerechtfertigten Vorwurf nicht nur wegen seiner Bösartigkeit zurück, sondern auch, weil er eine schwärende Wunde wiederbelebte und einen schmerzhaften Gedanken wiedererweckte, den sie mit ihrem Mann begraben hatte, der durch diese unvergessliche schmerzvolle Arglist umgekommen war. In ihrer Brust entbrannte der Hass, und das Gefühl des Unrechts vergiftete ihr das Blut. Noch am selben Abend begab sie sich zu der Nachbarin, die olibanumkauend mit ihrem Mann tändelte, als wäre nichts zwischen ihnen geschehen, als wäre der Streit am Morgen nur ein Kinderspiel gewesen. Da wuchs ihr Hass noch, und der Zorn machte sie blind. Sie stürzte sich auf sie und presste ihr das Knie auf die Kehle. Die böse Frau war nicht imstande, sich zu befreien. Auch ihrem Mann gelang es nicht, sie vom Hals seiner Frau wegzuziehen. Er rannte hinaus und rief die Nachbarn zu Hilfe. Die Leute liefen zusammen und scharten sich um die verzweifelte Grossmutter auf dem Leib der Nachbarin, und erst einer beherzten Schar von Männern gelang es schliesslich, die Nachbarin zu befreien. Ihre Augen waren hervorgetreten, der Schaum stand ihr auf den Lippen, und alle glaubten, sie sei tot. Bis zum folgenden Morgen lag sie ohnmächtig auf dem Rücken.

Nach diesem tödlichen Streit vergingen einige Monate. Das Herz des Himmels erweichte sich, und in den Wadis der östlichen Berge fiel Regen. Das Lager wurde auf die Weiden verlegt, und die Sippen freuten sich über den Frühling. Die Grossmutter vergass, was geschehen war, und dachte nicht an die Bestimmungen des verlorenen Buches, als sie annahm, die Haussa könnten eine Kränkung vergessen.

Die böse Zauberin verbarg das Rachegefühl. Sie wartete, bis sie allein mit der Grossmutter auf der Weide war. Dann näherte sie sich ihr mit Augen, die rot und irrsinnig flackerten. Neben ihr blieb sie stehen, unablässig kauend. Sie lächelte boshaft, richtete den Blick auf ihr Gesicht und begann ihr das Blut aus den Adern zu saugen. Der Grossmutter wurde schwindlig, ihr Kopf wackelte. Gespenster und Hünen umstanden sie. Sie versuchte, bei den Talismanen Hilfe zu holen, brachte jedoch kein Wort hervor. Die Dschinnen banden ihr die Lippen und die Gliedmassen. Selbst den Namen des Gottes Amanâj vermochte sie nicht auszusprechen. Dann begannen die Bewohner der Finsternis mit den Füssen auf die Erde zu stampfen. Die Wüste schwankte. Sie sah mit eigenen Augen, wie die Erde mit ihr wegrannte und sie sich von den Herden entfernte. Die Herden entschwanden, und ihr Abstand zu den Hirten und den anderen Menschen vergrösserte sich. Das böse Weib war allein mit ihr, und die Dschinnen rotteten sich gegen sie zusammen. Sie sah die Zauberin, die ihr ins Gesicht gaffte, um Blut und Leben daraus zu rauben. Das scheussliche Olibanum kauend, lächelte sie. Die Grossmutter erbleichte, das Leben entfloh. Am Ende gelang es ihr doch noch zu schreien. Danach befreite sich ihre rechte Hand. Sie nahm eine Handvoll Staub und warf ihn dem Dschinnenweib ins Gesicht. Als dieses taumelte und seine bestialischen Augen mit den Händen bedeckte, entkam die Grossmutter und suchte bei den Hirten Schutz. Sie war bleich und hager, mit ausgemergelten Wangen. Das Blut war aus ihrem Gesicht gewichen. Die böse Dämonin hatte das Fleisch von ihrem Körper gegessen.

Drei Tage später starb sie.

16

Während einer anderen Nacht sprach Tamaddûrt von der Weisheit der Maske. Die Alten, sagte sie, hätten das Gesichtstuch als Schutz verwendet, um die bösen Fremden daran zu hindern, mit dem Blick von ihrem Gesicht zu essen; die Maske habe den Körper gegen den bösen Blick gefeit. Diese weise Wüstenlist lernten sie nach schmerzhaften Erfahrungen mit den Stämmen des Dschungels. Die Bewohner von Kano sollen in alter Zeit keine andere Waffe als das Auge gekannt haben, um sich zu verteidigen und um angreifende Stämme zu vernichten, ja, mit der Zeit hätten sie begonnen in die Wüste einzudringen, die Behausungen auszurauben und die Stämme im Norden zu vernichten, bewaffnet nur mit ihren bestialischen Augen. Die Wüstenbewohner begannen sich der Maske zu bedienen, als sie schon vom Verschwinden bedroht waren. Sie schafften es, sich zusammenzutun, die feindlichen Augen zu vertreiben und die Wüste von ihrer Magie zu reinigen. Doch die Zauberer kehrten mit einer anderen List in die Wüste zurück. Sie töteten mit Magieramuletten jedes menschliche Wesen, dessen Namen sie erfuhren. Diese tödliche Wirkung des Amuletts entdeckten die Wüstenbewohner erst nach langer Mühe. Daraufhin begannen sie ihre wahren Namen geheimzuhalten und sich Ersatznamen zu geben. So hoben sie auch die Wirkung dieses Zaubers auf. Doch die überheblichen Zauberer gaben nicht auf. Sie überfielen die Wüste mit einem hässlichen Schlag namens »Tatze«.

Diesem fiel Tamaddûrts Grossvater mütterlicherseits zum Opfer. Auch diese Geschichte erzählte sie, wie sie sie von ihrer Mutter gehört hatte.

Ihr Grossvater sei ein echter Wüstenbewohner gewesen. Er extemporierte Gedichte, sang die traurigen Weisen der Alten und liebte die Mädchen, wie es sich für einen Reiter ziemt. Des Nachts sattelte er sein Kamel und machte sich auf zu den weit entfernten benachbarten Lagern, um mit den hübschen Mädchen der anderen Stämme ⵣⵔⴲ* zu praktizieren. Auf einer dieser amourösen Touren habe er mit einem Mulattenmädchen zusammengesessen, das ein junger Mann aus Timbuktu für sich in Anspruch nahm. Dieser kannte die Anwendung der furchterregenden Tatze. Er lud den Grossvater zum Abendessen ein und warf ihm fünf menschliche Nägel ins Essen. Die Tatze traf ihn in die Niere. Kaum hatte er das Lager des Widersachers verlassen und

* Asarribah: das Tête-à-tête von zwei Liebenden, entsprechend dem Brauch der Tuareg

war zum Stamm zurückgekehrt, überfielen ihn teuflische Schmerzen, die auch die Mittel der alten Wüstenfrauen weder zu beseitigen noch auch nur zu lindern imstande waren. Seine Familie hatte schon jede Hoffnung aufgegeben, als das Schicksal dem Stamm eine vorüberziehende Karawane bescherte, die ein in den Geheimnissen der Dschungelmagie bewanderter Weiser begleitete. Dieser holte aus seinem Beutel ein Stück Natron, löste es in einem Topf Wasser auf und übergoss den Kranken damit. Mehrere Nächte wachte er danach neben ihm und übergoss ihn immer wieder mit der Natronlösung. Der Grossvater bekam einen Brechanfall und warf den ersten Nagel aus. Danach erbrach er jeden Tag einen dieser abscheulichen menschlichen Nägel, bis die fünf komplett waren. So war der Kranke gerettet, und der Wanderer erklärte seine Aufgabe für erledigt.

Der Stamm umringte ihn, und seit jenem Tag behandelte man die Nägel mit heiligem Argwohn. Wenn jemand sich die Nägel entfernte, versteckte er sie vor den Blicken und vergrub sie irgendwo weit weg, aus Furcht, die Zauberer könnten ihrer habhaft werden und sie für die scheussliche »Tatze« verwenden.

17

Âkka streifte durch die Weiden. Er wanderte durch die Wüsten, durchquerte die Täler und zog hinauf auf die triste, kahle Weite von Massâk Satfat. Tagelang war er dort allein unterwegs, und er wusste nicht, ob ein Engel vom Himmel herabgestiegen war oder ob ihm die rätselhafte Offenbarung der zerrissenen Felsen von Matchandûsch die geheimnisvollen Hinweise gebracht hatte. Er durchquerte die vom Feuer der Sonnen und von den Lavamassen der Vulkane verbrannte Erde. Auf der anderen Seite stieg er wieder hinab und inspizierte die Kamele. Dann machte er sich an die Arbeit. Er ging in die heilige Höhle mit ihren hohen Wänden, auch sie vollgezeichnet mit Symbolen. Die Haut des Felsens hatte die Farbe des Fleisches, die Farbe des Bluts, die Farbe der Menschen. Die heilige Höhle hatte die Farbe ihrer Haut von der Farbe der Menschen übernommen. Er wählte einen harten Stein und machte sich an die Arbeit. Erst polierte er ein dafür geeignetes Stück Wand. Dann schleppte er ein paar Steine heran und kletterte auf diese, um mit dem Bild oben zu beginnen. Er verwundete die blutige Haut des Steins und sprach heidnische Zaubersprüche, die er aus den Ansprachen des Südwinds an den Höhleneingängen gelernt und dem Geplauder der Dschinnen auf den Gipfeln und in der Finsternis entnommen hatte. Die steinerne Haut unterwarf sich den geheimnisvollen Talismanen und ergab sich dem Getändel des Steins. Er entfernte das tote Fleisch vom harten Steinkörper, um Platz zu schaffen für das menschliche Fleisch, das göttliche Fleisch, das auf der heiligen Felswand auszubreiten ihn die Götter geheissen hatten. Der Stein wurde frei, bereit, den ewigen Körper aufzunehmen. Nach mehreren Wochen härtester Arbeit wurden die ersten Züge eines Geschöpfs sichtbar, dessen Schönheit mit der des Vollmonds wetteiferte, das die Finsternis mit dem Licht seines Gesichts erleuchtete, das die Wüste mit seiner Schönheit blendete und in dessen Bann die Herzen der Hirten für immer gerieten. Sogar die heilige Wand verhehlte nicht ihre Freude über den Körper der Herrin. Durch diesen, so wusste sie, würde sie noch heiliger werden und erhielte einen neuen

Vorzug, der aus ihr ein ewiges Heiligtum für den gesamten Wüstenkontinent machte.

Nie sollte Âkka vergessen, mit welcher Folgsamkeit, mit welcher Nachgiebigkeit, mit welcher Willfährigkeit und mit welcher Offenheit ihm der heilige Stein begegnete, kaum dass er das göttliche Geheiss in die Tat umzusetzen begann. Geheimnisvoll flüsterte der Stein ihm zu, alles in der Wüste sei dem Untergang geweiht, solange es nicht in Stein gemeisselt sei. Dass dies ein Vermächtnis der Altvordern war, verstand er erst später, damals, als er einen Tifinâghtext aufgezeichnet fand, der genau diese Weisheit mitteilte.

Die innige Willfährigkeit des Steins half Âkka bei der Schaffung der Herrin. Die Höhle schien bereit, den geliebten Körper aufzunehmen, und er zweifelte nie daran, dass die Seele der Altvordern die Götter anflehen und sie versöhnlich stimmen würde, damit sie Tamaddûrt das Leben schenkten und ihre Geburt im Stein segneten.

18

Dann begann die zweite Etappe seiner geheimnisvollen Offenbarung.

Er zog los, das Blut der Schöpfung zu suchen, das Blut der Altvordern, vergossen im Leib der Erde, das einzige Amulett der Erde, imstande, über Leben und Tod zu entscheiden. Leben gibt es, wenn es weich ist, sichtbar wird und hervortritt. Tod gibt es, wenn es sich verhüllt. Es ist das Geheimnis des Lebens. Das Geheimnis der Erde. Das Geheimnis der Wüste, das die Götter in Urzeiten dort deponiert haben und dessen Rätselhaftigkeit niemand als die Altvordern erkannte und aufdeckte. Taftast. Taftast. Taftast. Wo bist du? Wo ist das heilige Blut, das durch die Adern der Erde fliesst? Wo ist der vom Odem der Götter getränkte Staub, den die Seele der Altvordern bewacht? Wo ist der Zauberspruch, den die Lebenden mitnehmen, wenn sie verschwinden, und den die Toten zurückbringen, wenn sie wiederkommen? Verlass dein Versteck in der Finsternis, Taftast, und hilf, dem göttlichen Wesen Leben zu schenken, dessen Eintritt ins Heiligtum die Götter gesegnet haben. Erscheine, o Seele der Erde, und blase dem Bildnis vom Odem deines Blutes ein, denn die Götter haben ihr Einverständnis gegeben, das Bildnis anzunehmen und es mit den Herren gleichzusetzen. Erscheine. Erscheine. Erscheine!

Im Wadi, am Fusse des Berges, stiess er in einem alten Grab auf einen einzigartigen Schatz aus dem heiligen Staub.

19

In der dritten Etappe kam er zum Zelt. Drei Nächte lang umkreiste er es und rief flehend: »Enthülle dein Antlitz, Tânis. Erleuchte die Wüste, dass ich die Kamelstuten melken kann!«

Doch Tânis kam nicht aus ihrer Zufluchtsstätte in den Geschichten. Sie kam nicht heraus, weil sie das Leben liebte und den bösen Blick fürchtete.

Am dritten Tag der flehentlichen Rufe erbarmte sich der Mann. Er sagte zu seiner bildschönen Frau: »Geh doch hinaus zu ihm, wenigstens einmal.«

Tamaddûrt aber, die das Auge erlebt hatte und die Fähigkeit der Menschen kannte, mit dem Blick das Blut zu entziehen, und die von ihrer Mutter das Wissen um das schmerzvolle Schicksal geerbt hatte, den schlimmen Schlag durch das Auge, den ihre Grossmutter erfahren hatte, weigerte sich, in die kahle Weite hinauszugehen, um dem verliebten Zauberer die Wüste zu erleuchten, damit er seine Kamelstuten melken konnte.

»Ich werde Kopfschmerzen bekommen«, erklärte sie. »Die Pein wird mich heimsuchen, das Fieber mich verbrennen. Ich habe das schon erlebt. Sein Blick hat mich schon zweimal ins Gesicht getroffen und mich beide Male niedergestreckt.«

Der Mann schwieg, und der Zauberer setzte seine eindringliche Klage fort, allnächtlich. Er kreiste um das Zelt und wiederholte Mal um Mal: »Enthülle dein Antlitz, Tânis. Erleuchte die Wüste, damit ich die Kamelstuten melken kann.« Doch Tânis erschien nicht, da sie wusste, dass das Leben nur einmal gegeben wird. Wenn der Blick es an einen anderen Ort gebracht hat, kehrt es niemals an den früheren zurück.

»Geh hinaus zu ihm, wenigstens einmal«, bat der Mann.

Sie antwortete mit einer Drohung: »Wenn ich hinausgehe, werde ich niemals zurückkehren. Eine Frau, die hinausgeht und ihr Gesicht einem Zauberer enthüllt, der sich auf den Gebrauch des Blicks versteht, wird nie zurückkehren.«

Der in Liebe Entbrannte kreiste weiterhin um das Zelt, stiess sein schmerzvolles Flehen aus und sang traurige Lieder. Er sprach die uralten Klagen und bekämpfte die Traurigkeit mit Lauten, die wie das Meckern der Ziegen klangen. Dem Mann brach es das Herz, und er flehte das abweisende Geschöpf an: »Wenn du nicht zu dem Hirten hinausgehst, wird er sterben. Ich höre den Kummer, der dem Tod vorausgeht.«

»Wenn ich hinausgehe, werde ich niemals zurückkehren«, sagte die stolze Kreatur.

»Eine flüchtige Enthüllung des Gesichts«, ereiferte sich der Mann, »wird kein Unheil auf dich lenken. Die Frau in der Wüste muss irgendwann einmal hinaus in die Einsamkeit gehen.«

Die Frau verbarg ihren Zorn gegen den Mann. Sie sagte ihm nicht, dass er sie verhökert habe, erklärte ihm nicht, dass er sie zugunsten des schlauen Hirten verstossen habe. Des Hirten, um dessen Geheimnisse nur sie allein wusste. Denn die Frau ist das einzige Geschöpf, das im Flehen des Mannes das Geheimnis erkennen kann. Sollte sie hinausgehen, das wusste sie, wäre sie für ihren Mann auf immer verloren. Der durchtriebene Hirte würde sie mit dem Blick nehmen, sie für immer nehmen, wenn sie auch nur ein einziges Mal zu ihm hinausginge.

Schliesslich ging sie hinaus.

Sie stand in der finsteren, kahlen Weite und lauschte der ewigen Stille in der Nacht der unvergänglichen Wüste. Sie zog den Schleier vom Gesicht. Das Licht strömte und strahlte. Licht, das sein Leuchten von den Monden, den Sonnen und den Sternen genommen hatte, ergoss sich über die in Finsternis gehüllte Wüste. Die schwarze Hülle zerriss. Der Körper der Wüste erschien, nackt und bloss. Die Dschinnenfrauen auf den Gipfeln stiessen Jubeltriller aus. Die Jungfrauen in den Paradiesgärten liessen Klagen hören, aber der Hirte hatte es nicht eilig mit dem Melken der Kamelstuten. Vor der anbetungswürdigen Gestalt warf er sich zu Boden. Er küsste die Erde und rieb lange seine Stirne im Staub.

20

Er packte die göttliche Kreatur und flog mit ihr in die heilige Höhle. Dort verknetete er das Blut der Erde, den Schatz der Altvordern, den Talisman des Lebens, mit dem Kot der Ziegen, mit Stücken von Mist und fügte dem Gemisch die Milch der Kamelstuten bei. Er erklomm die Steine und begann mit den Ritualen der Gestaltung. Er begann ganz oben, beim Kopf, den Brauen, den Augen, den Lippen, den Wangen. Dann folgten die Nase und die Gliedmassen. Er vergass auch nie, das Zauberwort zu sprechen und dem Stein das Geheimnis einzugeben. Mit jeder Geste, mit der er das Blutgeschöpf in die Wand eingrub, wiederholte er: »Tamaddûrt. Tamaddûrt. Tamaddûrt.«* Aber die himmlische Eingebung liess ihn in ihrer geheimnisvollen Sprache wissen, die laute Nennung des Namens genüge nicht, um das Geschöpf herbeizurufen und es auf dem Stein zu Gast zu haben. Also bediente er sich eines anderen Rufs: »Komm her. Komm her. Komm her.« Er prägte einige Züge mit dem geheimnisvollen Blut der Schöpfung und fuhr mit der geheimnisvollen Rezitation fort: »Bewohne den heiligen Raum. Bewohne den heiligen Raum.« Er betrachtete den Körper der Herrin von oben bis unten. In seinen Augen leuchteten Zufriedenheit, Ekstase, und noch etwas anderes,

* Tamâhakwort mit der Bedeutung: Leben

Unbekanntes leuchtete darin. Er fuhr mit seiner Arbeit fort und wiederholte dabei immer wieder die rätselhaften Zauberworte. Die Boten der Altvordern schalteten sich vermittelnd ein und knüpften für ihn ein Gespräch mit dem Stein der Höhle. Er begriff, dass die Wand niemals das Geschenk annehmen würde, dass sie ihm nie den Geist der Unvergänglichkeit einhauchen würde, wenn er nicht fortführe, das geheime Wort zu sprechen, wenn er nicht unablässig den Zauberspruch wiederholte. Er kannte kein anderes Amulett als »Tamaddûrt«, um das Wesen zu verkörpern und es als Gast zu empfangen im heiligen Raum der Götter. Er hatte kein anderes geheimes Wort gelernt, geeignet, die Herrin heranzuholen, als den Ruf des Liebenden, »Komm her«, und er wusste nichts Nachdrücklicheres als den göttlichen Befehl »Bewohne«, den ihm der Himmel eingegeben und auf die Lippen gelegt hatte, um sie in den heiligen Raum zu locken und zu verführen: »Bewohne.« So wiederholte er ohne Unterlass die heilige Dreiheit (Tamaddûrt, Komm her, Bewohne), tauchte seine Finger in das geheimnisvolle Gemisch und liess in dem vertrauten Stein einen Körper entstehen, den er der Erde der Wüste entnommen hatte, um ihn durch die Liebe und durch die Kraft der Schöpfung zum Himmel zu erheben.

Er arbeitete ohne Unterbrechung, hart, glücklich, schöpferisch. Erst am siebenten Tag ruhte er.

21

Eines Tages schlenderte er durch die mit Sand und durstigem, wildem Gestrüpp bedeckten Wadis. Dann kehrte er in das Versteck zurück und betrachtete die Geburtswehen in der Höhle. Die majestätische Steinwand ging schwanger mit dem Geheimnis, trug den Fötus in ihrem Leib. Sie folgte dem Ruf und empfing den Samen in ihren Lenden. Die Züge der neuen Kreatur wurden klarer und klarer, überraschend erschienen die Linien des Gesichts, das die Wüste erhellte, wenn es sich zeigte und aus der Verhüllung trat. Tief in den Augen leuchtete die Glut und betrachtete den fernen Horizont. Stolz und trotzig erhob sich die Nase. Auf den schmalen Lippen zeichnete sich eine Überheblichkeit ab, die nicht zur Herrin der Steine passte. Verführerisch geöffnet, offenbarten sie Zähne, die mit den Sternen wetteiferten und den endgültigen Beweis dafür lieferten, dass Eva dem Himmlischen angehört. Er erklomm die Steine und näherte sich dem Körper. Er sah, wie die Auferstehung in ihn einströmte und er das Leben erhielt. Heisser Atem traf ihn. Er spürte das Blut durch die Adern des Körpers drängen. Er tastete nach den Gliedmassen und fand sie vertraut. Wärme, Schönheit und Leben pulsierten darin. Er legte sein Ohr aufs Herz und hörte es pochen, in stetigem Rhythmus, voller Liebe und Dankbarkeit. Der Schöpfer erbebte. Er umfasste die Geliebte und entschwand auf eine Reise der Ekstase, länger und schöner als jene erste Reise, während welcher er sich das Geheimnis von den Altvordern geholt hatte. Als er in die Wüste zurückkehrte und sich im Tâdrart wiederfand, fiel er auf sein Antlitz und verharrte lange vor der Anbetungswürdigen.

Er war ein Schöpfer, der vor seinem anbetungswürdigen Geschöpf niederfiel.

22

Bevor sich der Himmel im Tâdrart mit der Wüste verbündete und dem Zauberer erlaubte, sein Geheimnis zu schaffen, lag Tamaddûrt im Zelt auf den Tod darnieder. Das Siechtum hatte begonnen, nachdem sie hinausgegangen war. Das Blut wich aus ihrem Körper. Sie übergab sich, jammerte und lallte die ganze Nacht Worte des Abschieds. Sie klammerte sich an ihren Mann und klagte: »Leb wohl, mein Gemahl. Du hast mich verloren, ich bin nicht mehr dein. Ich habe dich gewarnt, dass die Frau, die zu dem Nachtpriester hinausgeht, um ihm die Weite zu erhellen, in Gefangenschaft gerät und nie mehr zurückkehren kann. Leb wohl, mein Gemahl. Das Schicksal hat es gewollt, dass wir uns trennen, da ich den heiligen Vermächtnissen zuwidergehandelt und es abgelehnt habe, in der Nacht der Übergabe zu fliehen. Ich wusste, dass mir Schmerzliches im Leben bevorstand, noch bevor mich die alten Frauen durch ihre Prophezeiungen erschreckten. Also verhülle dich gut, und hüte dich vor dem bösen Blick. Meide die Gelage, jenes Fangseil der Feinde, damit sie dich keine Nägel schlucken lassen und dich mit der abscheulichen Tatze umbringen.«

Sie schluchzte auf. Das Blut verschwand aus ihrem Gesicht und ihrem Körper. Sie verlor alle Farbe, welkte und erkaltete. Dann verschwand sie in der Finsternis. Bûcha klagte und ging hinaus, um in den Höhlen nach ihr zu suchen. Doch bevor er zu der geheimnisvollen Höhle gelangte, vertrat ihm der Bote des Schicksals den Weg.

23

Er war in Lumpen gehüllt und trug ein zusammengestückeltes Gesichtstuch. Seinen hageren Körper umschloss ein von den Strahlen der Sonne ausgebleichter Kaftan. Er komme aus Kano, sagte er, und sei unterwegs in die ferne Hammâda. Unter einem Akazienbaum liess er sein mageres Kamel niederknien und begann in aller Gemütsruhe Tee zu kochen. Dann richtete er sich auf, zog das Gesichtstuch fest und zählte, wiegend und singend wie in Ekstase, die drei Ursachen des Fluchs auf: »Die Gefährtin lehnt ab zu fliehen in der Nacht der Übergabe und kommt zu dir, und du nimmst sie auf in den geweihten Raum? Du kommst hinter der Verhüllung hervor, ohne Waffe, und erwartest, dass der Onkel dir nicht aus dem Morgendunkel entgegentritt? Du nimmst die Gefährtin ihrer Familie weg, bevor zwölf Monate um sind, und bist unwillig, wenn das Schicksal sie sich zurückholt, um sie den Dschinnen zu geben?«

Bûcha sprang auf und fragte mit dem Eifer des Liebenden: »Hat das Schicksal sie wirklich den Dschinnen gegeben?«

Der Gast wiegte ein weiteres Mal hin und her und antwortete dann: »Wohin geht der Wüstenbewohner, wenn er den Lehmsack verlässt? Kehrt er in die Wüste zurück, bevor er zum Dschinn wird?«

»Ich habe in den Höhlen gesucht«, klagte Bûcha, »und habe mich bei den Hirten erkundigt. Ich habe sie nirgends gefunden, und auch die Hirten haben sie nicht gesehen.«

Das Schicksal im Gewand des Wanderers zeigte sich geneigt, er kommentierte die Klage: »Wann hätten sich die Dschinnen je dem Wüstenbewohner gezeigt, ohne dass diesen tödliches Entsetzen erfasst hätte? Wisse, wenn ein Mensch einen Dschinn zu Gesicht bekommt, stirbt er.«

»Aber stirbt denn am Anblick auch jener, der mit den Bewohnern des Unsichtbaren verwandtschaftlich verbunden ist?« warf Bûcha ein.

Das Schicksal im Gewand des Wanderers lächelte rätselhaft wie alle Schicksale und korrigierte sich: »Das hatte ich ganz vergessen, dass alle Wüstengeschöpfe miteinander in verwandtschaftlicher Beziehung stehen.«

Am nächsten Morgen war er verschwunden, wie alle vorüberziehenden Wanderer. Als Bûcha im Morgengrauen aufstand, fand er keine Spur von ihm. Nicht einmal an die Feuerstelle erinnerte etwas und auch nicht an den Tee des Vorabends. Als wäre die Begegnung ein Traum gewesen. Bûcha war überzeugt, dass der Wanderer nichts als ein Dschinn im Gewand eines Wandersmannes gewesen war.

24

Die Hirten erzählten, wie Âkka sich zurückgezogen und sich ganz seiner steinernen Geliebten hingegeben habe. Er blieb in der Tiefe der Höhle, tändelte, scherzte und plauderte mit ihr. Oftmals hörten sie Âkka mit dieser geheimnisvollen Dschinnenfrau lachen, von der einige versicherten, sie hätten sie wie eine echte Herrin an der steinernen Wand hängen gesehen.

Sie soll ihm einen Sohn und eine Tochter geschenkt haben, die in menschlichem Gewand aufgetreten seien. Mitunter habe es ihnen aber auch gefallen, im Gewand der Finsternis und des Unsichtbaren zu verschwinden oder sich in Schlangenhäuten oder Tierkörpern zu verstecken.

Die Hirten waren sich einig, diese beiden Kinder seien die klügsten Geschöpfe, die das Tâdrart in seiner langen Geschichte gekannt habe.

Moskau, 2. September 1991

Die vergiftete Wolle

1

Beim Angriff der zweiten Nacht schickte das Schicksal, jener unbekannte Widersacher, einen dämonischen Dschinn gegen ihn los.

Die Feinde ergossen sich in ihrer Dreierkonföderation, die die weit zurückreichenden Wurzeln geheiligt hatten. Sie fielen zum zweitenmal über Wâw her, entsprechend einem Wahnsinnsplan, der den Kämpfern von Wâw keine Zeit lassen wollte, nach der Katastrophe, mit der das blutige Handgemenge der ersten Nacht geendet hatte, Atem zu holen.

Hinter den goldenen Hügeln im Westen erlosch die Sonne, verschwand der Feuerbrand des Tages, und der Schleier der Dunkelheit legte sich, dichter und dichter werdend, über den Horizont.

Die Bestien kamen als erste Gruppe aus dem Tunnel und gingen auf die Mauern der Oase los, die schon recht beschädigt und von der Zerstörung der ersten Nacht arg mitgenommen war. Für Achmâd war es nicht schwer, im Gewebe der Dunkelheit die Gestalten der Schakale zu erkennen, wie sie nebeneinanderher liefen, immer darauf bedacht, nicht hintereinander zu gehen, damit nicht ihre Neigung zum Verrat erwachte und sie einander umbrachten, bevor sie sich an den eigentlichen Feind machten.

Aber nicht das Auftauchen der wilden Schatten war die wirkliche Ursache, die das Wasser aus Achmâds Körper saugte und ihn der Feuchtigkeit und des Blutes beraubte, vielmehr war es diese drohende, brutale, schreckliche Stimme, die ihm einen Schauder über den Rücken jagte und ihn in Schweiss badete. Unter dem Schleier der Dunkelheit, im Licht der Sterne sah er Staubschweife und hörte, als er lauschte, einen Schmerzenslaut wie das Stöhnen eines Todkranken.

»Ghghgh ... ghghgh ... rrrr ...«

Das Gemurmel dauerte fort und vermischte sich mit den Rufen der Kämpfenden, die sich gegenseitig ermutigten und anspornten. Die Gegner wurden handgemein. Das abscheuliche Gemurmel verwandelte sich in ein noch abscheulicheres Gebrumm. Die Bestien sprangen den Kämpfern rachsüchtig in den Nacken, und die Männer verteidigten sich mit des Schwertes Schneide.

Die Männer fielen.

Die Bestien fielen.

Nun senkte sich eine neue, unbekannte, schreckliche Schar auf den Kampfplatz herab. Giganten gleich tauchten sie in der Finsternis auf und verschwanden Dunstschleiern gleich. Sie fuhren auf den Gefährten des Windes, und als sie ihnen entstiegen waren, löste sich die Staubwolke auf, und die Ebene war ruhig. Sie kauderwelschten in einer unverständlichen Sprache, von der die Wüstenbewohner nur die Laute wahrnehmen konnten. Einige marschierten, zwergenhaft, auf der Erde, andere erhoben sich zu den Himmeln und verhüllten sogar die Sterne der Nacht.

Die Irdischen mussten feststellen, dass der Feind das Heer der Dschinnen in den Kampf geworfen hatte. Und obwohl diese rätselhafte Schar im Gegensatz zu anderen keine Waffen trägt, weckte sie doch bei den Kämpfern mehr

Entsetzen als alle Bewaffneten. Bedienen sie sich doch einer alten Waffe, der die Mythen einen anderen Namen gaben: die Furcht vor den Bewohnern der Finsternis und des Unsichtbaren, den ursprünglichen Bewohnern der Wüste.

Auch Achmâd fürchtete sich und verstiess so gegen jenes im verlorenen Anhi festgehaltene Vermächtnis der Weisen, wonach die Menschen erst dann durch die Hand der Dschinnen zugrunde gehen, wenn sie sich der Furcht überlassen. Diese Weisheit wurde von einigen Elenden mit dem Hinweis kommentiert, das gelte nicht allein für die Dschinnen, sondern für jeden Feind. Das klang jedoch, als wollten sie behaupten, das Anhi habe hier nichts Neues gebracht, und so die Bestimmungen des heiligen Buches der Wüste in Zweifel ziehen. Doch Achmâd neigte dazu, der Schrift zu glauben, weil ihr Text durch ein von diesen Kritikern nicht beachtetes Detail abgestützt war, in dem die Löwen den Dschinnen beigesellt wurden.

Wörtlich hiess es in dem Vermächtnis nämlich: »Hütet euch vor der Furcht, wenn ihr den Dschinnen und den Löwen gegenübersteht.«

Hätte er nicht schon Erfahrungen mit diesen edlen Bestien gemacht, hätte er mit keiner Niederlage gerechnet und hätte jetzt, während er den Dämonen des Unsichtbaren gegenüberstand, nicht geglaubt, dass die Furcht der Anfang vom Ende ist. Die Erinnerung an den Kampf mit einem Löwen durchzuckte ihn in dem Augenblick, in dem ihn der Schauder überlief und ihm der Schweiss aus allen Poren brach. Er erinnerte sich an die Warnung, und er erinnerte sich auch an die Erwiderung der Zweifler. Doch er fasste sich wieder, als er sich an den wahren Wortlaut des Vermächtnisses in der verlorenen Schrift erinnerte, wo die Löwen den Dschinnen gleichgestellt werden. Nie hätte er geglaubt, dass der Untergang die Folge der Furcht ist, hätte er nicht auf einer Expedition in den Dschungel die Begegnung mit dem Löwen gehabt.

Es war nicht eine kriegerische Expedition wie andere gewesen. Es war eher eine Handelsreise. Nachdem sie in Kano Waren getauscht hatten, waren sie auf dem Rückweg nach Norden von einigen elenden Gestalten überfallen worden. Nicht von professionellen Wegelagerern, sondern von einer Schar aus verschiedenen Negerstämmen, die der Hunger vereint und unter dem Druck der Not zu einer Konföderation zusammengeschweisst hatte, die Karawanen überfiel, um sich ihr täglich Brot zu ergattern.

Drei Kamele und eine Ladung Korn hatte man ihnen weggenommen. Bei der Verfolgung der Diebe durch die Wüste Richtung Süden waren sie nach drei Tagen in den finsteren Dschungel geraten. Als die elenden Diebe verschwunden blieben, hielten sie inne und zogen sich in den Schatten eines mächtigen Baumes zurück, der seinen enormen Stamm mit Adern dick wie Frauenzöpfe umgeben hatte.

Während die anderen Männer damit beschäftigt waren, das Feuer zu entfachen und Tee zu kochen, entfernte er sich ein Stück weit von der Gruppe, um ein Bedürfnis zu verrichten. Dort, in einem Gestrüppnetz, das wie ein Schlangenknäuel aussah, hielt das Schicksal für ihn die Begegnung mit dem König des Dschungels und Herrscher der wilden Tiere bereit. Seine majestätische Gestalt erwies diesem Namen alle Ehre: eine schlanke Statur, ein schmaler

Körper, ein erhobener Kopf, darum ein dichter Turban. Aus seinen Augen strahlte Klugheit und ein bitteres, spöttisches Lächeln. Ein Lächeln, wie es die Weisen zeigen, die das Geheimnis kennen und die die Erfahrung gelehrt hat, dass das Geschick nichts anderes ist als ein erbarmungsloses Spiel, da nun einmal das Leben unumgänglich im Nichtigen endet. Achmâds Hand erstarb am Gürtel. Das Bedürfnis, das zu erledigen er ins Gestrüpp gekommen war, löste sich in nichts auf. Und in einem Augenblick vergegenwärtigte er sich alles, was die Wüste über die Eigenschaften dieses majestätischen, prächtigen, aber auch furchterregenden Tieres überlieferte. Die schlimmste Art der Furcht ist diejenige, in die Erhabenheit und Schönheit gemischt sind. Die Erhabenheit schenkt ihr Tiefe und Rätselhaftigkeit, die Schönheit verleiht ihr die Waffe der Verführung und gewährt ihr die Fähigkeit der Verlockung. Sie standen sich nur wenige Augenblicke gegenüber. Der König betrachtete ihn neugierig, ohne den Spott in seinem Blick zu verbergen. Ja, er behielt diesen unklaren Ausdruck auch noch bei, als er sich umdrehte und bedächtig und stolz von dannen schritt und im Gestrüpp verschwand.

Achmâd konnte nicht fassen, dass er davongekommen war. Doch in seiner Erleichterung über die Rettung beging er einen tödlichen Fehler. Er erzählte seinen grobschlächtigen Gefährten von dem Ereignis und gab ihnen so Gelegenheit, sich über ihn lustig zu machen und ein Märchen um die Geschichte zu weben. »Wisst ihr, warum der Löwe Achmâd nicht getötet hat?« fragten sie und gaben auch gleich die Antwort: »Weil er ihn in einer erbärmlichen Stellung angetroffen hat. Ein nobler Mann, der sich seiner

Exkremente entledigt. Steht doch im Anhi geschrieben, dass kein König sich zum Kampf mit Feiglingen herablässt, die aus Furcht ihre Hosen mit Unrat beschmutzen. Hast du etwa nicht deine Hose mit Unrat verunziert, guter Achmâd?« Sie lachten schallend. Doch die Verunglimpfung endete noch nicht damit. Der Vorfall kam der Dichterin zu Ohren, die sich veranlasst sah, ein Spottgedicht zu verfassen, das im Stamm die Runde machte. Dabei war ihr das Glück hold. Das Gedicht war so gelungen, dass es auch bei den Nachbarstämmen Anklang fand und es nicht lange dauerte, bis es die Grenzen der Mittleren Wüste überquerte und die vier Enden des Kontinents erreichte. Wie rasch sich doch Verunglimpfungen in der Wüste bewegen! Der Wind, so sagt man, betraue sich mit der Aufgabe, diese über den ganzen Kontinent zu verbreiten. Achmâd unternahm keinen Versuch, gegen das Gerede anzugehen, sondern zog es vor, sich ruhig zu verhalten. Wusste er doch, dass er eine noch grössere Torheit begehen würde, wenn er die Wahrheit erzählte, nämlich, dass er keine Angst gehabt und nicht gezittert hatte. Der Fluch des Durstes war verantwortlich für die Lähmung gewesen. Seine Kehle war völlig ausgetrocknet gewesen. Jedwede Feuchtigkeit war aus seiner Kehle verschwunden, jedwede Benetzung von seiner Zunge und aus seinem Mund.

Denn wahrlich, kein Gesunder versteht einen Fluch, den das Schicksal jemandem schon vor der Geburt um den Hals gehängt hat.

2

Das Heer des Unsichtbaren senkte sich über die Ebene wie Heuschrecken. Gespenstisch leise näherten sie sich den Mauern. Sie trugen verblasste Kleidung. Einige hatten den Kopf mit einem Stofftuch umwickelt und glichen so den Bewohnern der Wüste. Andere hatten es vorgezogen, sich ohne Kopf auf den Feind zu stürzen, darauf erpicht, in den Herzen der Kleinmütigen Furcht zu wecken und Entsetzen zu säen. Achmâd hätte bei Tannît und bei den Gräbern der Heiligen schwören können, eine Dschinnenschar gesehen zu haben, die mit baumelnden Beinen über ihre Köpfe hinwegzog. Sie flüsterten, das Geflüster verwandelte sich in ein abscheuliches Gemurmel, und wieder bedeckte das Dornenkleid seine Haut. Niemand konnte sagen, warum sie beschlossen hatten, die Welt des Unsichtbaren zu verlassen und den Menschen sichtbar zu werden, obwohl sie sich doch von Natur aus verborgen halten konnten. Die Weisen im Stamm versicherten immer, ihr Charakter erlaube es ihnen nicht, verräterisch zu sein, und wenn sie sich in ein Spiel mit den Bewohnern der Wüste einliessen, so erfordere es die Noblesse, die Regeln des Spiels zu respektieren und sich bis zum Schluss an das Gesetz des Kampfes zu halten.

Sie hielten inne mit dem Gemurmel.

Es herrschte Stille.

Ein Dämon in der Farbe der Finsternis pflanzte sich vor Achmâd auf. Er trug ein lächerlich kurzes Gewand, das nicht einmal bis zu den Knien reichte. Achmâd bemerkte auch, dass es über die Handgelenke hochrutschte. Es schien von einem Kind oder, genauer, von einem Kämpfer der verbündeten Schakale geborgt. Achmâd war schweissgebadet.

Der Speichel wich aus seinem Mund. Er trat zwei Schritte zurück, hatte in einem Augenblick den Durst ebenso vergessen wie die ererbte Furcht. Gibt es doch geheime, geheimnisvolle Regeln, die nur einem Wüstenbewohner eigen sind und wonach ein Kämpfer sich erst in einen Helden, ja einen Gott verwandelt, wenn der Kampf beginnt, weil er den Tod erst in dem Augenblick vergisst, in dem er ihm gegenübersteht. Niemand weiss, ob diese Regel auch dem Anhi entnommen ist oder ob es sich dabei um ein Naturgesetz handelt, das die Wüste geschaffen hat, um das Verhalten des Menschen dort zu erklären. Die Weisen nennen dieses Gesetz Mut! Ein geheimnisvolles, magisches Wort. Der Mut, der wie der Schlaf erst kommt, wenn man die Hoffnung darauf schon aufgegeben, ja seine Existenz völlig vergessen hat. Und noch geheimnisvoller wird das Wort dadurch, dass man dem Gegner mit blossen Händen gegenübertritt, ohne Waffen, es sei denn, wir betrachten die Majestät der Finsternis und den Schrecken des Unsichtbaren als eine Waffe. Und offenbar bezeichnet das Anhi diese beiden in der alten, rätselhaften Sprache als Furcht.

Nachdem in Achmâd der verschüttete Schatz des Mutes erwacht war, fand er es nicht schwer, dem Gegner mit dem Schwert den Kopf abzuschlagen. Im Licht der Sterne, so schien es ihm, habe er für einen flüchtigen Augenblick eine Blutfontäne aufleuchten und ganz sicher habe er den Kopf des Dschinnen über die Erde rollen sehen. Drei oder vier Umdrehungen machte er, in das leinene Tuch gehüllt, aber das Licht der Sterne, jener einzige himmlische Zeuge für seine heldenhafte Tat, reichte nicht, um den Ausdruck in den Dschinnenaugen zu erkennen, die von den Schultern getrennt und auf ihrem Weg zurück zur Erde waren, aus der sie stammten. Achmâd glaubte, die Sache sei erledigt, der Kampf entschieden, und er vergass im Eifer des Gefechts, dass sein Gegner, der ja nicht aus der Welt der Menschen stammte, noch über andere, unbekannte Eigenschaften verfügte. Gross war deshalb seine Überraschung, als er über sich ein seltsames, spöttisches und, noch schlimmer, bösartiges Lachen vernahm.

Er schaute hinauf und sah den Dämon wachsen und wachsen, immer weiter gen Himmel. Er versuchte die Schultern zu erkennen, von denen der Kopf abgetrennt war, um so den Schlichen der Bewohner des Unsichtbaren auf die Spur zu kommen. Aber die Gestalt dehnte sich immer weiter aus und hatte schon bald die himmlischen Höhen erreicht. Und in diesem Augenblick …

Was geschah in diesem Augenblick?

Er sank auf die Knie. Das Schwert entfiel seiner Hand, die Klinge verschwand im Sand. Ihm wurde schwindlig, und er begann sich abstossend laut zu erbrechen, unziemlich für einen Reiter. Er hörte das hässliche, hämische Gelächter seines Gegners.

Dann gewann er seinen klaren Kopf zurück und begriff, was sich abgespielt hatte. Er hatte einen Schlag zwischen die Schultern erhalten. Einen brutalen, eines Dschinnen würdigen Schlag. Keinen Schlag mit einem Schwert oder einem Knüppel, denn die Bewohner der Finsternis benutzen weder Eisen noch angefertigte Waffen.

Aber welche Waffe könnte so brutal, welches Instrument so schmerzhaft sein? Ah, wahrlich, die blosse Hand ist brutaler als das Schwert. Der Groll, verteilt im Körper, verbreitet im Blut, übertrifft jeden anderen Hass. Dieser scheint die Dschinnen ebenso zu erfassen wie die Menschen. Die Gesetze des Hasses, die Gesetze des Körpers scheinen in beiden Reichen dieselben zu sein. Andernfalls wäre er nicht in die Knie gegangen und hätte sich mit beschämendem, hässlichem Geräusch übergeben, was ihm eine weitere Blamage einbringen würde, wenn es der Dichterin zu Ohren käme.

Er erhielt einen zweiten, noch brutaleren Schlag zwischen die Schultern. Ein Schmerzensschrei entrang sich seiner Brust, und er spürte einen bitteren Geschmack im Mund. Die Bewusstlosigkeit liess ihm keine Gelegenheit, sich darüber klarzuwerden, ob der bittere Geschmack von Blut herrührte. Die Finsternis kroch heran und umhüllte sein Gedächtnis mit einem Schleier des Vergessens. Er fiel aufs Gesicht und küsste den Boden. Unfähig abzuschätzen, wie lange der Kuss gedauert hatte, vernahm er, kaum zum Bewusstsein zurückgekehrt, wieder das gepresste, hässlichhämische Gelächter.

Der gottlose Dschinn schleppte ihn weit weg, über vielfältig groben Wüstenboden: mal sandig, mal bedeckt mit bösartigen oder anderen Kieseln, häufig überzogen mit scharfkantigen Steinen. Und während er so zerschunden wurde, hielt sein Gegner nicht inne zu lachen, verhalten zwar, aber niederträchtig. Die gierigen Steine frassen ihm das Fleisch von den Knien und den Fussgelenken. Sein Körper brannte und wurde gehäutet wie ein Schaf. Seine Kleider wurden ihm von allen Gliedmassen gerissen. Es blieben nur Fetzen, die Brust und Hinterteil verhüllten. Dann öffnete er die Augen, betrachtete den Feind und sah den furchteinflössenden Dschinn: ein aufgeblähtes Geschöpf, vierschrötig und ohne Kopf. Er senkte die Lider und bewegte die Lippen, um die Fâtiha zu sprechen, überrascht, dass er während des gesamten Handgemenges versäumt hatte, beim Koran Hilfe zu suchen. Waren doch die Verse des Korans, wie er sich erinnerte, die einzige Waffe, um die Dschinnen abzuwehren. Ja, selbst die Schatzsucher aus dem fernen Maghreb, aus Marrakesch, können die Goldschätze der Hand der Bewohner des Unsichtbaren nur mit Hilfe des Korans entreissen. Der erfolgverheissendste Spruch sei in einem solchen Fall, so sagt man, der Thronvers, umgekehrt gesprochen. Die Fakîhs und sogar manche Seher der Magier, die eigentlich den Koran nicht anerkennen, sind sich einig, dass ein rückwärts gesprochener Vers die bösen Dschinnen bindet und die Schlangen lähmt. Aber weder kannte er den Thronvers auswendig, noch war er imstande, die Fâtiha zu sprechen. Und in den Kreisen der wandernden Fakîhs und Religionsgelehrten hiess es, wenn sich die Dschinnen eines Geschöpfs bemächtigt hätten, vergesse dieses das Wort Gottes und verliere die Fähigkeit, diese Verse zu sprechen. Es vergesse, dass es ein Mensch sei, und werde zum geheimnisvollen Phantom wie sie. Hatten sie sich wirklich seiner bemächtigt? War er schon ein Dschinn geworden? Gehörte er jetzt zu den Bewohnern der Finsternis und des Unsichtbaren?

Aber nun verliess das Wasser den Körper, trennte sich die Feuchtigkeit von ihm und floh aus der Kehle, dem Mund, der Zunge, den Adern und den Eingeweiden. Das Gespenst des Durstes erwachte und gewann die Oberhand. Er fiel in die Gewalt eines Feindes, der bösartiger als die Dschinnen und schlimmer als die von den scharfen Steinen zerschundene Haut war. Brachte ihn nicht der Durst in die Wüste zurück und bewies, dass sein Schicksal an den Stamm der Menschen gebunden war? Gab es in der Sippschaft der Dschinnen jemanden, dem das Schicksal schon vor der Geburt eine so brutale Strafe wie den Durst auf den Nacken gelegt hatte? Nein, nein. Der Durst ist allein eine Eigenheit der Menschen. Die Schwäche ist allein ein Charakteristikum des Menschen. Ein Dschinn ist kein Dschinn, wenn er durch einen Dampf besiegt werden kann, der sich in eine rätselhafte Flüssigkeit verwandelt, dem die Schwachen den Namen Wasser gaben.

Nein, nein. Der Durst war der einzige Beweis, der seine Zugehörigkeit zu den Menschen bestätigte. Er war ein Mensch. Er war Achmâd, der seit der Geburt das Geheimnis des Durstes in sich trug und der vom ersten Augenblick an unablässig schrie, bis die alten Frauen ihm mit einem Wollfaden Wasser in den Mund träufelten. Er war Achmâd, den der Durst schon überwältigte, wenn er sich über eine Tat oder ein Wort erregte, der durstig wurde, wenn er sich freute, und ebenso, wenn er betrübt war.

Und wie sollte jemand den Geschmack der Glückseligkeit kosten, der in der Grossen Wüste mit dieser irrsinnigen Eigenschaft geboren wurde?

»Wasser! Wa...aaa...sss...sss...eee...eee...r!« murmelte er.

Doch der Dämon mit dem abgetrennten Kopf antwortete mit einem Lachen.

Achmâd vergass seinen Stolz. Er vergass die Rituale der Edlen. Er vergass alles, was in der Sprache der Bewohner der Wüste den gewaltigen Namen Schande trug. Er vergass die Gesetze der Wüste, denn nicht einmal dieses gesamte grossartige Erbe wog einen Tropfen Wasser auf. Nichts wog einen Tropfen Wasser auf, denn der Tropfen Wasser bedeutete das Leben. Diese Tragödie liess ihn unbewusst immer wieder hervorstossen: »Wasser! Wa...aaa...sss...sss...eee...eee...r!«

Aber das Geschöpf, das aus der Hölle kam, reagierte darauf mit einer Brutalität, die nur den Bewohnern der Hölle ansteht. Wieder war das Lachen zu hören.

Der Tropfen. Der Tropfen. Gottes Träne. Himmlisches Juwel. Durchsichtig wie ein Gespenst. Farblos wie ein Engel. Weich wie ein mütterliches Lächeln. Wenn er fällt, anrührend wie die Lieder der Sehnsucht. Mit einem Geschmack, den der Mund nicht erfassen kann. Mit einem Geruch, den die Nase nicht aufnehmen kann. Seine Farbe, sein Geschmack, sein Geruch – ein Wunder, dem Geheimnis entnommen. Gott. Und wie er nicht erfassbar mit den Sinnen. Weder mit dem Gefühl noch mit dem Gehör, weder mit dem Gesicht noch mit dem Geruch, noch auch mit dem Geschmack. Der Tropfen ist ein Wunder, das man nicht mit den Funktionen des Körpers kennenlernen kann. Doch wie Gott kann man ihn durch die Gesetze des Barsach und der Inspiration wahrnehmen. Der Tropfen ist das Rätsel der Wüste. Das Wunder des Lebens. Er ist wie Gott. Gott. Der Wassertropfen ist das Geheimnis der Existenz, gewährt von einer Hand aus Unsichtbarem.

Vergeblich ist daher der Versuch, das Geheimnis des Wassers zu ergründen.

3

Als Gott den Menschen schuf und seinen Körper aus Erde formte, empfand er Mitgefühl für ihn und das Leben, das er, mit göttlicher Einsicht, als einen langen Pfad des Elends sah. So sehr empfand er Mitgefühl für ihn und das Schicksal, das ihn erwartete, dass er sogar eine Träne vergoss. Diese magische Träne göttlichen Mitgefühls ist zum Talisman des Wüstenbewohners geworden, zu einem geheimnisvollen Trost namens Wasser.

4

»Wer bist du?« rief er in seiner Ohnmacht.

Der Dämon hatte sich über ihn gebeugt. Seine zwergenhaft gewordene Gestalt dehnte sich wieder und kehrte in ihre vormalige Form zurück. Er setzte sich den abgeschlagenen Kopf, der im Sand lag, wieder auf und befestigte das leinene Tuch darum. Das rechte Auge, so schien es Achmâd, war leer. Ein tiefes, rundes, hässliches Loch. Über das linke hatte er ganz bewusst das Ende des Tuches herabgezogen.

Und wie Achmâd in seiner Ohnmacht aus Schmerz und Entbehrung erwartet hatte, antwortete der Riese mit seinem üblichen Gelächter.

Er hätte ihn gern provoziert und gefragt: »Eine bessere Antwort fällt dir wohl nicht ein? Du kannst wohl nichts anderes?« Doch die Trockenheit hatte ihm die Gliedmassen abgetötet, die Zunge gelähmt und den Willen gebunden, und plötzlich hörte er die Stimme des Geheimnisses, des Lebens, Gottes Stimme. Er vernahm das Plaudern des Wassers. Über die Gipfel des Tâdrart ergossen sich die Fluten. Die Sprache des stürzenden Wassers, das mit den Steinen plaudert. Die Weise des göttlichen Mitgefühls im Tränentropfen. In heroischer Anstrengung öffnete er die Augen. Sah Dampfschweife zum Himmel aufsteigen. Mein Gott, ist Deine Barmherzigkeit erschienen? Ist das Undenkbare wahr geworden? Geschah das Wunder? Wiederholt sich der Vorfall von Tâdrart, als der Engel herabstieg und ihn aufforderte, niederzuknien und die Erde zu küssen? Hat Udâd diesmal einen ganzen Wasserfall gebracht, nicht nur eine Flasche? Geschieht das Wunder, wiederholen sich die Wunder?

Er sprang zu der Stelle, wo der Dampf der Barmherzigkeit aufstieg. Neigte den Kopf nach unten in der Erwartung, im Paradiesquell zu versinken. Aber was war das? Er versank im glatten, feinen Staub, in dem verfluchten Goldstaub, weich und trocken. Er schlürfte von dem Sand und fing sofort an, verzweifelt zu husten. Über sich hörte er hämisches Lachen.

Das Lachen währte lange, sehr lange. Es provozierte ihn wie das Zischen einer Schlange, und er fiel in Ohnmacht.

Wie lange dieser Alptraum gedauert hatte, wusste er nicht. Doch plötzlich war da ein anderer Dschinn mit menschlichen Zügen, der seinen Kopf zärtlich in die Arme nahm und ihm rätselhaft zulächelte. Auch die Sterne am Himmel lächelten. Er spürte Trost und menschliche Wärme. Das war ein weiterer Fehler, neben jenen anderen, die er aus der Unkenntnis der Dschinnen und ihrer Wandlungsfähigkeit begangen hatte. Das Geschöpf nahm einen Wollfaden und träufelte ihm damit Wasser in den Mund wie die Bewohner der Wüste, wenn sie einen Verdurstenden zu retten versuchen.

Achmâd nahm den Tropfen auf wie ein Säugling nach langem Hunger die Brust der Mutter. Er erinnerte sich, dass eine alte Frau ihn bei seiner Geburt auf ähnliche Weise, mit Hilfe des Wollfadens, gerettet haben soll. Doch nun sprach das Geschöpf zum erstenmal: »So hat deine Mutter die meine vor langer, langer Zeit gerettet. Es ist eine Schuld, die ich für meine Mutter begleiche.«

Sein Tonfall war seltsam, aber Achmâd zweifelte nicht an den Absichten seines Retters. Gierig sog er die Tropfen auf, bis er eine Benommenheit in seinen Körper kriechen fühlte. Wie das Gift einer Schlange. In diesem Augenblick hielt der Dschinn inne, die Rolle des Menschen zu spielen, und brach in ein hässliches Gelächter aus, bösartiger als zuvor.

Die Mutter? Die Schuld? Die Rache? Was sollte all dieses Geschwätz? Ah, er spottete. Und da fielen ihm die alten Frauen ein, die immer wieder vom Fluch des Durstes erzählt hatten, den ihm das Schicksal auferlegt habe, als er noch ein Spermatropfen im Leib seiner Mutter war. Seine Mutter sei, erzählten sie, als sie mit ihm schwanger war, auf den Sohn einer Dschinnenfrau in der Asche des abgebrochenen Lagers getreten; da habe die Dschinnenfrau sie bei Nacht aufgesucht und ihr Rache geschworen. Doch bis zu diesem Tag hatte er nie etwas von der Rache einer Dschinnenfrau gegenüber seiner Mutter gehört. Sollte sich der Dämon (oder der Zwerg) gar lustig machen und bei der Art der Weisen Zuflucht suchen, bei Andeutung und Symbol? Ja, jawohl. Kein Zweifel, der satanische Dschinn spottete seiner und provozierte und schmähte ihn. Und nun diese Benommenheit, der Faden der Rache, das Gift des Vergessens, das in den Körper kroch, durch den Leib floss, die Glieder lähmte, die Sicht raubte, das Gedächtnis mit dem Vergessen siegelte, dem Vergessen, dem Vergessen.

Er überquerte den rätselhaften Barsach, schritt hinüber zum anderen Ufer, und in einem kurzen, klaren Augenblick wurde ihm deutlich, dass er niemals auf demselben Weg zurückkehren würde, niemals!

Moskau, 13. April 1991

Die Dürre

1

Sie griffen ihn an, weil er sich auf der Ebene niederliess. Sie warfen ihm vor, gegen die Vermächtnisse des verlorenen Buches verstossen zu haben, weil er länger als vierzig Tage am selben Fleck weile. Doch selbst schämten sie sich, ihm den Vorwurf zu unterbreiten, und betrauten den betagten Bakka mit der Aufgabe. Sie nutzten sein Ansehen bei den Weisen und den Alten, jenen, denen im Leben nichts mehr blieb, als dem Schweigen zu lauschen und die Stille zu bewahren. Auf Scheich Bakka, das wussten sie, würde er hören. Einem Vorwurf aus seinem Munde würde er Gehör schenken, selbst demjenigen der Hingabe an die Erde und der Unterwerfung unter die Knechtschaft. Der Scheich enttäuschte sie nicht. Im Versammlungszelt schleuderte er ihm den Vorwurf ins Gesicht. Danach bewahrte er wieder die ewige Stille. Er sagte, was zu sagen war. Dann entfloh er der Wüste, um die Stille der Wüste aufzusuchen. Er steinigte ihn mit dem Vorwurf und zog sich darauf in die Ferne zurück, in den Barsach, der ins Jenseits schaut. Dorthin, das wusste er, würde ihn der Stammesführer weder mit seiner Missbilligung noch mit seinem Protest, noch mit seinen Attacken verfolgen. Ist doch der Betagte, nach der Ethik der Wüste, nach dem Gesetz der Wüste, das einzige Geschöpf, das dem Stammesführer gegenüber die Stimme erheben und gegen seine Urteile Einspruch erheben darf, ohne bei Tag der Sorge und bei Nacht der Schlaflosigkeit ausgesetzt zu sein. Er kann ihm in aller Offenheit widersprechen, kann seine Meinung frei äussern und danach nachhause gehen, um im Abendschatten grünen Tee zu geniessen, den fatamorganaüberfluteten Horizont zu betrachten und der Stimme Gottes in der ewigen Stille zu lauschen.

Âdda, der Stammesführer, beobachtete seine Züge, während der Scheich den Blicken entschwand. Er beobachtete das Verschwinden in den Runzeln der Wangen und in den Falten der Stirn. Er betrachtete ihn, bis der Scheich die Versammlung und die Ebene verlassen hatte und in die unermesslich weite Leere eingetreten war, die, irgendwo, in den Himmel führte. Bakka ging, der Protest blieb. Der Weise zog hinaus, bei ihnen blieb das alte Gefäss. Vielleicht hatte ja dieses Weggehen später einen Einfluss, als er, der Stammesführer, gezwungen war, zu den Anwürfen Stellung zu beziehen, als ihn, anstelle des »weggegangenen« Bakka, Scheich Bâchi ansprach. An diesem Gespräch beteiligte sich Bakka mit keinem Wort, und offenbar überraschte diese Haltung niemanden in der Versammlung. Es war, als wäre sein geheimnisvoller Rückzug und sein Wegtreten ins Reich der Stille eine Vorbedingung für die Durchführung der Verhandlung. Als wäre er nur dafür verantwortlich gewesen, der Katze eine Glocke um den Hals zu hängen; danach konnte er sich in die Einsamkeit zurückziehen, die nichts trübte und in der nur die Stimme Gottes zu vernehmen war. Und wehe dem Geschöpf, das es wagen sollte, ihm in diesen Barsach zu folgen!

Ein weiser Stammesführer muss damit rechnen, dass sich Personen wie Bakka hinter den Schutzwall der Stille zurückziehen, in den raumlosen Barsach, sobald sie die Meinung aller über die Leitung des Stammes zum Ausdruck gebracht haben, vielleicht sogar über das persönliche Verhalten des Stammesführers. Das ist das Vorrecht des Alters vor dem ganzen Stamm. Die Alten bedürfen nicht der Zustimmung der anderen.

Hatte Bakka recht? Verdiente er, als Stammesführer, dem sie die Leitung überantwortet hatten, wirklich diesen Vorwurf? Hatte er sich zuwenig für den Brunnen eingesetzt und die Brust der Erde leichtfertig in die Hand der Fremden gegeben und mit ihr ihren Nacken, womit er sie zu Knechten der Erde und anderer Menschen machte?

In seiner Antwort hielt sich Âdda an ihre Sprache. Er sprach von den Ereignissen und legte ihnen die irdischen Rechtfertigungen vor. Er vermied es, in die Bereiche des Unbekannten einzudringen, und bediente sich auch keiner geheimnisvollen Ausdrucksweise. Nicht weil er wusste oder befürchtete, sie könnten ihn nicht so verstehen, wie er verstanden sein wollte, sondern weil es Dinge gibt, die der edle oder sagen wir der tapfere Mann mit sich allein bespricht.

Er sprach zu ihnen von der Ausgewogenheit und darüber, wie man den Stab in der Mitte hält; die geheimnisvolle Sprache hielt er vor ihnen geheim.

2

Sicher war er nicht das einzige Geschöpf, das die Dürre erlebt hatte, sicher aber hatte die Dürre ihn gezwungen, jahrelang auf das Credo des Verzichts zu verzichten. Es war eine einzigartige Dürre in der Wüste.

Begonnen hatte der Brand eines Jahres in der Südlichen Wüste. Die Karawanenkaufleute hatten davon berichtet, hatten schlimme Geschichten über die Opfer dieser erbarmungslosen Dürre erzählt. Im folgenden Jahr schob sie sich in die Mittlere Wüste vor und machte sich daran, ihre Kontrolle über die weiten Weidegründe von Massâk Mallat und Massâk Satfat im Osten bis ins Tassîli und ins Wadi Amihro im Westen auszudehnen. Ursache des Brandes war nicht nur das Knausern des Himmels mit Wasser, sondern auch der Atem des Kibli, des Südwinds, der während Monaten unablässig blies. Er tötete sogar das Leben in den Bäumen und den grossen Pflanzen, die den Durst lange ertragen können und von denen sich das Vieh in den Jahren der Dürre ernährt. So verloren die Hirten die Hoffnung.

Der damalige Stammesführer lud ihn vor und betraute ihn mit der Aufgabe, die Kamelherden zu retten. »Ich weiss, dass nur eine geringe Hoffnung besteht, die Ziegenherden zu retten«, sagte er, »aber du weisst, was es bedeuten würde, wenn die Kamele eingingen. Wir sind von dir gewöhnt, dass du uns eine weise Lösung bietest, wann immer du dich deines Verstandes bedienst. Jetzt bedürfen wir dessen in höchstem Masse, mehr als damals, als ich dich um eine Lösung bat, die Stammeskriege zu vermeiden. Also überrasche uns ein weiteres Mal mit deinen Verstandeskräften und rette unsere Herden!« Fast hätte er vorlaut bemerkt, der Verstand möge ja dazu dienen, eine gemeinsame Sprache unter Gegnern zu finden, und vielleicht imstande sein, Wege aufzuspüren, um den Zusammenprall von Stämmen zu vermeiden, aber was sollte er gegen das Schicksal ausrichten? Sollte er so dreist sein, gegen den Kibli anzutreten oder sich gegen den Willen des Himmels zu stellen? Doch die Scham hielt ihn zurück. Er verliess das Zelt des Stammesführers und ging, um in der Weite des Verstandes das Wunder zu suchen.

Er traf sich mit den weisen Hirten und holte Nachrichten über den Regen ein. Alle waren sich einig, dass in den vorangegangenen zwei Jahren in der gesamten Wüste das Wasser des Himmels zurückgegangen war. Und als er sich nach der Nördlichen Wüste erkundigte, sagten sie ihm, auch die Rote Hammâda sei von der Dürre versengt.

Er gab aber die Hoffnung nicht auf.

Allein mit einem alten Hirten, fragte er diesen, ob er in den letzten beiden Jahren den Duft einer vorüberziehenden Wolke gerochen habe; er wisse, dass Âschik Makarran* bis zu zwei Jahren nach einer Regenflut grün bleibe. Der Hirte musterte ihn lange. Er schob seine Hand in die Tasche und holte feingeriebenen Tabak hervor, schnupfte ihn auf zweimal ein, hustete zweimal und lächelte dann. Es sei nicht ausgeschlossen, flüsterte er, als ob er einen Schatz offenbarte, im Sand der Sallâf-Wüste auf Tirahêt** zu stossen.

Nur etwa drei Monate blieb er dort. Während der ersten beiden verzehrten die hungrigen Kamele die dürftigen Pflanzen, den Rest der Zeit lebten sie vom Wiederkäuen. Âdda sass unter einer einsamen Palme im trostlosen Sandmeer und befragte lange den Verstand. Er erinnerte sich an die Winkelzüge der Nördlichen Wüste. Dann beglückwünschte er seinen Verstand und befahl den Hirten, ihm mit den Kamelen zu folgen.

* Wüstengras, das nach saisonalen Regenfällen spriesst und fast Baumhöhe erreicht

** eine Pflanze in der Mittleren Wüste (Tamâhak)

3

Die Winkelzüge der Nördlichen Wüste. Eine Idee, die dem Genie der Roten Hammâda entstammt. Ein geheimnisvoller Widerstand gegen die Kräfte der Zerstörung. Ein schlaues Flehen um die Barmherzigkeit des Himmels, keine Herausforderung des Schicksals. Um das Gleichgewicht zu schaffen, das zum Fortbestand des Wunders Leben nötig ist, bedarf die Wüste des Einsatzes von Winkelzügen gegen den Kibli, die Dürre und die Trockenheit. Ohne die schöpferische Begabung, ohne das geheimnisvolle Genie, ohne die Unterstützung durch den himmlischen Willen könnte sie niemals die Heimsuchungen durchstehen und die Winkelzüge in die Tat umsetzen. Wenn sich der hochmütige Kibli erhebt und sie in seinem Gebaren die Hartnäckigkeit und die unerbittliche Beharrlichkeit sieht, beugt sie sich und wirft sich vor ihm nieder, um ihn zu überzeugen, dass sie, die Rote Hammâda, bereit ist, die Unterwerfung zum Credo zu machen. Dann wird er trunken vor Zufriedenheit, Stolz und Dünkel, sein Schwung verlangsamt sich, er stolziert umher und wird den Edlen der Wüste ähnlich. Diese Gelegenheit ergreift die Rote Hammâda und schiebt sich auf zwei entgegengesetzten Wegen vor. Deren einer führt zum Gebet auf den Blauen Bergen und zum Anflehen des Himmels. Der andere führt nach Norden zum Dschebel Nefûssa, wo sie klagt und weint und für den Flecken, der vom Vergehen bedroht ist, eine Trauerfeier durchführt und um Hilfe nachsucht. Das erweicht die Herzen der Götter, und die Himmlischen schicken sich an, das Wüstenparadies zu retten. Die Hilfe kommt von zwei Seiten: von den Blauen Bergen im Süden und vom Dschebel Nefûssa im fernsten

Norden. Die Barmherzigkeit kommt als geheimnisvolle, rätselhafte Hilfe, über die nur die weisen Hirten und die Liebhaber der Roten Hammâda Bescheid wissen, weil sie sich schon immer geweigert hat, ihr Geheimnis anderen als diesen zu offenbaren.

Was die Liebhaber und die Hirten immer begeisterte, ist diese einzigartige, rätselhafte und überraschende Art, mit der die Barmherzigkeit auf die Rote Hammâda herabkommt. Der Hirte hockt auf einem trockenen Stück Erde neben der Feuerstelle, singt selbstvergessen Lieder der Verzweiflung und des Hungers und spricht mit den rätselhaften Sternen. Erst das erhabene Zischen weckt ihn auf, das heilige Zischen, die Sprache des Feuers, wenn es plötzlich mit Wasser in Berührung kommt. Wo? Wann? Wie? Wo geschah die Begegnung? Wo vereinigte sich der Himmel mit seiner Gefährtin, der Erde?

Wann geschah das Wunder, wo doch die Hitze den Körper der Wüste zum Schmelzen brachte und die Erde des Wassers sogar im Winter entbehrte? Was bedeutete diese plötzliche Gunst, die unerwartet mitten in die Prüfung und die Entbehrung fiel, ganz ausserhalb ihrer Zeit?

Wie gelang es der Flut, das Verhängnis zu tilgen und das Schicksal zu hintergehen? Wie konnte sie über den ewigen Fluch der Wüste hinwegsehen und dem Paradiesquell eine solch gewaltige Menge entnehmen?

Das erhabene Zischen. Die heilige Sprache. Die Sprache, gesprochen bei der Begegnung zweier Gegensätze. Ihre Unverständlichkeit liegt nicht im Schmerzensschrei des verlöschenden Glutstücks, sondern in der Wehklage der Erde selbst, der glühendheissen, durstigen Erde, die seit einer Zeit, die mancherorts schon eine Million Jahre währt, auf die seltsame Gabe wartet. Wie oft schon hat Âdda verwundert diesem begierigen Gemurmel gelauscht, diesem unbekannten Schmerzenslaut. Zu Beginn gluckst die Erde, dann bedeckt sie sich mit grossen Blasen, die sofort platzen und sich auflösen. Der Boden des Wadis seufzt auf, stöhnt wie eine Frau in den Wehen. Dann, dann steigt der Dampf, der Dampf der Freude und des Schmerzes, der Dampf der Begegnung und der Vereinigung, der Dampf, der vom Vollzug der Liebe kündet und auf die Geburt verweist.

Und keiner weiss, wieviel Weinen, Klagen und Flehen die Bitte um diese Wolke, dieses Wunder die Rote Hammâda gekostet hat.

Nur die Hirten wissen es, und die Liebhaber wissen es auch.

4

Dieses Stück Land erhielt unbekannte Ströme, doch die Erde im Nachbarwadi blieb trocken, nackt, brennend, dem Tode nahe. Die Herden dort verhungerten, verdursteten, während sich gleichzeitig durch das Tal daneben, glückbegünstigt, ein Schatz aus Wasser ergoss und Futter und Trüffeln im Überfluss vorhanden waren. Wer das Geheimnis der Wüste nicht kennt, wer die Wüste nicht liebt, wird nie diese rätselhafte Verteilung der Wasser begreifen, wird nie die Überraschungen der Roten Hammâda verstehen und wird nie wissen, dass diese geniale Tat Teil der Schöpfung des altehrwürdigen Wüstenparadieses ist.

Über die weite, offene, unbekannte Rote Hammâda zog sich die Trockenheit und dirigierte die Fata Morgana. Âdda suchte nach den Spuren der vereinzelten Wolken, die in die versteckten Wadis zogen, fand aber nichts als welke Reste von Âschik Makarran und elende Spuren jener Akazienbäume, die dem Durst standzuhalten vermochten. Aber die lange, vollständige Dürre war imstande, auch die Akazien zu besiegen und ihren Stolz zu brechen.

Er hielt nicht inne zu suchen und zog immer weiter. Monate vergingen, dann begannen die Kamele die Säcke zu fressen, und die Geschichte jenes Hirten wurde bekannt, der seine eigenen Ledersandalen gegessen hatte.

Zunächst vertilgten die Kamele noch die Zweige der Akazien, die gespenstisch ins Leere ragten. Dann mussten sie sich bücken, um trockenes Holz zu fressen. »Nun gibt es nichts Essbares mehr als die Steine«, sagte der älteste Hirte zu ihm, lachte nervös und zog sein schwarzes Tuch fester um den zahnlosen Mund.

Er verstand die Andeutung, den schmerzlichen Wink, den der alte Hirte in seinen erbarmungslosen Satz gepackt hatte. Und er übersetzte sich den geheimnisvollen Ausdruck als »Bald wird uns der Hunger zwingen, Steine zu essen«.

Während der Nacht erzählte derselbe Hirte in aller Ausführlichkeit, wie er einmal einen Kamelhengst dabei überraschte, als er ins Zelt einbrach und einen aus weicher Wolle gewobenen Sack kaute. Er lachte ein weiteres Mal nervös, hob das obere Ende seines Gesichtstuchs und befestigte es um seine Nase. »Habt ihr je einen stolzen Kamelhengst gesehen, der Kamelwolle frisst?« fragte er dann. »Ist es vorstellbar, dass der Hunger bei einer Kreatur ein solches Ausmass erreicht, dass sie seine eigene Wolle frisst? Seine eigene Haut?«

Sie sassen ums Feuer und kochten den Abendtee. Die Hungersnot hatte auch die Rituale des grünen Tees zerschlagen. Zunächst verschwand der Zucker, der letzte Zuckerhut, den sie bei einer nach Gadames zurückkehrenden Karawane gegen ein edles ausgewachsenes Kamel eingetauscht hatten. Sie gebrauchten ihn meisterhaft, waren sparsam im Umgang, erfanden allerlei Mittel und Wege und verkürzten am Ende sogar das Ritual von den üblichen drei auf eine einzige Runde. Wegen der Verminderung der üblichen Tagesration litten die Hirten an Kopfschmerzen. Doch Âdda weigerte sich, darauf zu verzichten. Er war nicht mässig und erlaubte sich sogar zwei Runden. Seine Gefährten erzählten das später herum, weil es für sie das einzige Mal war, dass Âdda unmässig war und es ablehnte, den Stab in der Mitte zu fassen.

Trotz dieser Vorsichtsmassnahmen schmolz der Zuckerhut dahin, und sie fanden keine Karawane mehr, die bereit gewesen wäre, Zucker zu tauschen, nicht einmal einen Zukkerhut für zwei Kamele. Nun erfand einer der Hirten, die aus dem Tassîli stammten, eine Methode, die bestenfalls für die Bewohner der Höhlen und der Felsspalten angemessen war. Er machte Tee und mischte Dattelsirup hinein. Natürlich weigerte Âdda sich, dieses ekelerregende Getränk zu sich zu nehmen, und zog es vor, seine Portion ungesüsst zu trinken.

In jener Nacht war es an diesem Hirten, Tee zu kochen, und er achtete darauf, für Âddas Portion eine eigene Kanne zu verwenden. Âdda verfolgte das Tun des alten Hirten, der seinen zahnlosen Mund öffnete und den mit Dattelsirup gemischten Tee schlürfte. Er war besorgt. Nein, nicht Sorge war es, vielleicht eher Mitgefühl. Die magere Gestalt des Hirten mit den hervortretenden Wangenknochen weckte ein unerklärliches Mitgefühl in ihm. Nein, nein. Nicht seine knochige Gestalt war es, die in ihm in dieser Nacht dieses schmerzliche, rätselhafte Gefühl weckte. Es war etwas anderes. Etwas Trauriges, das seine Sprache offenbarte, als er von dem Kamel erzählte, das, vom Hunger gepeinigt, einen Sack aus Kamelwolle frass. Es war dieselbe Offenbarung, die er spürte, als der Hirte draussen in der Wüste zu ihm trat und sagte: »Nun gibt es für die Kamele nur noch Steine zu fressen.« Und wie jedesmal folgte auf den Satz ein nervöses Lachen.

Natürlich war der Hunger für sie schlimmer als für die Kamele. Es war nichts mehr da als ein paar Handvoll Datteln. Diese hatte er einige Tage zuvor auf wenige Tüten verteilt, war damit zu den Hügeln gegangen und hatte sie in den Rissen und Spalten versteckt, sorgsam darauf bedacht, dass sie weit voneinander entfernt lagen. Dieser elende Schatz war ihr Vorrat für den allerschlimmsten Tag. Er schickte einen der Hirten zur Karawanenroute, wo er versuchen sollte, gegen ein paar Kamele etwas Gerste einzutauschen. Doch der Hirte kam nicht mehr zurück, und er erinnerte sich an den bedrückten Blick, mit dem ihn der alte Hirte anschaute, als er den Schatz versteckt hatte und zu den anderen zurückgekehrt war. Ein kurzer, flüchtiger Blick, scheinbar unschuldig, doch lag darin ein schmerzlich schmerzvoller Schimmer.

Der Hirte aus dem Tassîli hatte damals die Geschichte des alten Mannes mit der Bemerkung kommentiert, die Kamele frässen den Sack, nicht weil er aus Kamelwolle sei, sondern weil sie die Gerste daran röchen. Dem stimmten alle zu. Der Hirte wurde wütend. Seine Augen entflammten wie zwei Glutstücke. Hellweisser Schaum sprang ihm von den Lippen. »Die Kamele fressen nicht ohne Grund ihre eigene Haut«, brachte er mit tiergleicher Stimme hervor. »Hast du das verstanden? Die Kamele begehen Torheiten, weil sie hungrig sind. Hast du das verstanden? Hungrig. Hungrig. Hungrig!«

Er sprang auf und rannte hinaus in die weite Wüste.

Danach herrschte Schweigen. Niemand sagte etwas. Am nächsten Morgen kam sein Helfer zu ihm und erzählte, er habe den Schatz kontrolliert und dabei festgestellt, dass eine der Tüten verschwunden sei.

5

Den Täter ausfindig zu machen wäre nicht schwierig gewesen. Wirklich nicht. Âdda zog es jedoch vor, ihn nicht einmal sich selbst zu enthüllen. Er hiess den Helfer, die Sache geheimzuhalten.

Als er am Abend dann einen flüchtigen, aber bedeutungsschweren Blick mit dem alten Mann tauschte, senkte dieser sofort das Haupt, floh mit seinem Blick und starrte ins Feuer. Er beschloss, das Geheimnis auf immer zu begraben, doch das Schicksal schaltete sich schon an jenem Abend ein, ja im selben Augenblick.

»Vor einigen Tagen habe ich einen seltsamen Mann getroffen«, hörte er seinen Helfer sagen.

Die Hirten wurden aufmerksam und hielten den Atem an. Sie lauschten immer mit all ihren durstigen Sinnen auf jede Art Skandalgerede und Schandnachrichten.

»Ich stiess auf einen ehrwürdigen Mann«, fuhr der Helfer fort, »dessen Kopf mit einem Turban gekrönt war und der sich vornüberbeugte, um seine Sandalen zu essen.«

»Nicht möglich!« rief nicht nur eine Stimme.

Danach herrschte wieder das schmerzvoll-schmerzliche Schweigen. Aller Blicke hingen an dem Gesichtstuch des unsensiblen Helfers, der, als wollte er eine Aureole von Erhabenheit und Spannung über die Geschichte legen, mit einer Hartnäckigkeit, wie sie nur den Besserwissern eigen ist, hinzufügte: »Doch, er röstete seine rechte Sandale im Feuer und verzehrte sie.«

»Und wie kannst du diese schändliche Tat beweisen?« wollte Âdda wissen.

Alle waren überrascht, als der Helfer lachte und sich zurücklehnte, bis sein Turban die Erde berührte. Dann richtete er sich wieder auf und fuhr mit derselben Hartnäckigkeit fort: »Das ist einfacher, als ihr glaubt. Ihr müsst nur jemand beauftragen, morgen alle Sandalen zu inspizieren, und ihr werdet feststellen, dass ein würdiger Mann unter uns so seinem Wanst unterworfen ist, dass er seinen rechten Schuh ass wie ein Stück Fleisch.« Er lachte schallend.

6

Einige Tage später beherbergte Âdda einen vorüberziehenden Wandersmann. Dieser erzählte, er komme von Gadames und sei unterwegs nach Suwaila.

Âdda ging zum Hügel hinüber und kam mit einer Tüte Datteln zurück. Er bot seinem Gast zwei Handvoll davon an und tat dann so, als sei er mit der Vorbereitung des Tees beschäftigt, nur um nicht gezwungen zu sein, dem Gast die kärgliche Nahrung streitig zu machen. Dieser jedoch begriff den Wüstentrick, begann die Datteln zu kauen und lächelte traurig dazu.

Als Âdda ihn am nächsten Morgen, in Erfüllung der letzten Rituale der Gastfreundschaft, noch ein paar Schritte begleitete, sagte der Fremde: »In drei Wochen kannst du nach Norden ziehen. Wenn du dann an den Berghang oberhalb von al-Karijât kommst, wende dich nach links und geh noch drei Tage. Dort wartet eine Überraschung auf dich.« Und als Âdda lächelte, fügte er hinzu: »Ein Schatz wartet auf dich.«

»Und wer hat dir gesagt«, entgegnete Âdda scherzhaft, »dass ich einen Schatz begehre? Mein Schatz ist das Wasser.«

»Und wer hat dir gesagt, dass du dort nicht Wasser finden wirst?« Der Gast tat geheimnisvoll, weshalb Âdda ein weiteres Mal lächelte und unverblümt die Frage stellte: »Bist du ein Seher?«

»Wirst du ein Kamel schlachten«, fragte der Wanderer mit derselben geheimnisvollen Stimme zurück, »wenn du die Wette verlierst und erfährst, dass ich ein Seher bin?«

»Ich habe geglaubt, die Schliche der Wüste zu kennen«, entgegnete Âdda resigniert. »Ich habe versucht, die Verstecke des Wassers ausfindig zu machen, mit denen der Himmel die unbekannten Wadis versehen hat. Doch dieses Jahr hat sich das Glück nur ein einziges Mal mit mir verbündet.«

»Verblendet ist wahrlich«, rief der Gast, »wer glaubt, die Wüste zu kennen. Sie ist ein grosses Geheimnis wie die Frau.«

»Ein grosses Geheimnis wie die Frau«, wiederholte Âdda, ohne es zu wollen. »Ja, noch rätselhafter als diese.«

Dann erhob sich Schweigen zwischen ihnen. Âdda lenkte sich damit ab, die Steine auf dem Weg umherzurollen. Plötzlich hielt ihn der Gast an, schaute ihm in die Augen, als lese er darin ein Geheimnis, und rief: »Hast du geglaubt, ich hätte nicht gemerkt, dass du mir die letzte Dattel in der ganzen Roten Hammâda gegeben hast?«

Âdda wurde verlegen und wusste nicht, wohin er schauen sollte. Er suchte Hilfe beim Gesichtstuch und zog sein oberes Ende über die Augen herab.

»Hast du geglaubt«, fuhr der Gast mit demselben Eifer fort, »ich wüsste nicht, wieviel eine Handvoll Datteln in der Wüste während der Dürre wert sein kann? Wolltest du schlecht von mir denken?«

»Ich tat nichts anderes, als die geringste Pflicht gegenüber dem Wandersmann zu erfüllen«, erwiderte Âdda beschämt.

»Du hast mich mit einer Kette von siebzig Ellen gefesselt. Doch hätte ich die Fessel verschmäht, hätte ich mich weder edel noch dankbar erwiesen. Ich will mich für immer verachten, wenn mich nicht mein Gewissen wegen dieser Grosszügigkeit quält.«

Der Gast ergriff Âddas Hände und drückte sie bewegt, doch Âdda erwiderte ruhig: »Ich glaube nicht, dass diese Sache eine solche Aufmerksamkeit verdient. Du kannst vergessen, dass du dieses Jahr die Rote Hammâda durchquert hast, und dich so von der Kette befreien.«

Der Mann lachte hohl und bemerkte spöttisch: »Ich sollte vergessen, dass mir jemand seinen gesamten Vorrat gegeben hat, und das in einem Augenblick, da die Männer vor Hunger ihre Sandalen verzehrten? Ich sollte vergessen, dass dieser Jemand mir damit ein Fangseil um den Nacken gelegt und mich auf immer zu seinem Eigentum gemacht hat?«

Âdda zuckte zusammen und trat einen Schritt zurück. Er war schweissüberströmt, aber er sagte nichts. Doch der Gast las die Frage in seinen Augen und beantwortete sie von sich aus: »Du willst wissen, woher ich die Geschichte mit den Sandalen kenne. Aber du weisst doch, dass in der Wüste nichts verborgen bleibt. Es sollte dich also nicht überraschen zu erfahren, dass es der alte Hirte selbst war, der es mir erzählt hat.«

»Der alte Hirte?« wiederholte Âdda unbewusst.

»Ja, ja. Er hat auch gesagt, für einen alten Mann wie ihn, der nur noch mit einem Fuss in der Roten Hammâda, mit dem anderen schon im Grab stehe, sei die Schande bedeutungslos geworden. Ein alter Mann könne so etwas tun, da er ja kein junges Mädchen mehr gewinnen möchte und sich auch nicht mehr um Spottgedichte schere. Warum also missbilligt ihr es, wenn er nach der vergrabenen Tüte greift oder draussen in der Wüste seine Sandale röstet, weit weg von den Augen der anderen Hirten? Ich muss gestehen, er war nett und unterhaltsam. Er hat die ganze Nacht geplaudert und mir hübsche Geschichten über die Gegensätze der Wüste, über Dürre und Flut, über Leben und Tod erzählt. Ich bin in seiner Schuld, weil er mich auf die Handvoll Datteln aufmerksam gemacht hat, und ich muss diese Schuld tilgen, bevor du mich auf immer in Besitz nimmst.«

Âdda machte eine abwehrende Handbewegung und sagte, um dieses Thema zu beenden: »Niemand besitzt einen anderen wegen einer Handvoll Datteln, also fertig mit der Spötterei. Sei einfach überzeugt, dass wir uns nie im Jahr der Dürre in der Roten Hammâda begegnet sind.«

Doch der Gast liess nicht locker: »Versprich mir, meinem Rat zu folgen und in die Gegend westlich von al-Karijât zu gehen«, verlangte er mit Nachdruck. »Versprich es mir, damit ich diese Nacht gut schlafen und sicher sein kann, dass um meinen Nacken keine Fessel von siebzig Ellen Länge wie eine Dschungelschlange liegt. Versprich es …«

Er bettelte wie ein Kind, und diese Kindlichkeit weckte in Âdda ein seltsames Mitgefühl. Der Mann hängte sich an ihn und liess seine Hände nicht los, bis Âdda ihm versprochen hatte, dem Rat zu folgen.

7

Am Vormittag eilte sein Helfer zu ihm, der in einem Wadi hinter dem Hügel im Osten damit beschäftigt war, den Körper seines Mehri von lästigen Zecken zu befreien. Keuchend blieb er vor ihm stehen. Einige Augenblicke vergingen, bis er genug Atem geholt hatte, um ein einziges bedeutungsschweres Wort hervorzustossen: »Der Alte.«

In seinem Blick las Âdda die Bestätigung jener rätselhaften Unruhe, die ihn die ganze Nacht nicht losgelassen hatte. Eine Unruhe, die mit dem Griff nach dem Dattelvorrat eingesetzt und sich nach dem Gespräch mit dem fremden Wandersmann über den Verzehr der ledernen Sandalen fortgesetzt hatte. Er begleitete den Helfer Richtung Westen. Diesen zwang nicht die Würde, sich zu beherrschen, und so rannte er förmlich, japsend und keuchend. Mehrmals wischte er sich den Schweiss von der Stirn. Bei dem Wadi angekommen, blieb er stehen und wartete auf Âdda, als fürchtete er sich, allein zu der Stelle zu gehen.

Der Begleiter machte ein Zeichen mit dem Finger, doch Âdda stieg rasch den Hang hinab und ging – die Eile hatte ihn angesteckt – zu der mit einem toten Dornenpelz gekrönten Akazie. Darunter lag ausgestreckt der alte Mann auf dem Rücken, die Augen weit aufgerissen und friedlich, das Weiss hatte alles überdeckt. Rätselhaft und stolz starrten sie gen Himmel, in die Sonne, ins Leere. In den Pupillen hing noch der geheimnisvolle Schatten einer unbeantworteten Frage.

Um ihn herum stand das Blut in kleinen Lachen und grossen Flecken, deren Flüssigkeit der durstige Sand längst aufgesaugt hatte. Sie waren trocken und bleich und hatten schon die Farbe der sandigen Erde angenommen. Nur die kleinen Lachen, direkt neben dem Körper, hatten sich ihre Frische und ihre Jungfräulichkeit noch bewahrt. Sie waren dunkelrot, das Blut geronnen und mit einer festen, schleimigen Schicht überzogen. Sie schimmerten in der Vormittagssonne. Die rechte Hand war am Gelenk vom Arm abgetrennt. Sie lag nachlässig wie ein Stück Holz neben dem Körper. An der Schnittstelle trat Schaum hervor, weiss wie Hirnmasse; der untere Teil war mit Sandkörnern bedeckt, dort, wo die letzten Blutstropfen hervorgequollen waren, bevor sie zum Stillstand gekommen und von den durstigen Sandkörnern aufgesaugt worden waren. Das Handgelenk war unter dem weiten, klebrigen Ärmel versteckt, der beim Körper Schutz suchte und sich mit dem Ende des Gewands vereinigte, das an dem gefrässigen Sand klebte. Auch das rechte Bein war Opfer des Angriffs geworden. Es war am Knie abgetrennt, aber der Puls des Lebens hatte es dem Alten nicht erlaubt, seine bestialische Arbeit zuende zu führen. Den grössten Teil hatte er abgeschnitten und von der Wurzel getrennt, doch einige Adern und ein Teil des Knochens klammerten sich noch am Schenkel fest – an der Wurzel, der Pflanzstelle, dem Leben.

Sein Tun schien ihn ermüdet und seine Kräfte erschöpft zu haben. Er war ohnmächtig geworden, bevor er es abgeschlossen hatte. Die Hose war bis zu den Schenkeln hochgerollt und blutdurchtränkt. Neben dem abgehackten Knie lagen Knochensplitter wie Holzstückchen herum. Der rechte Fuss war bloss, am linken dagegen hatte der Selbstmörder bewusst die Ledersandale gelassen.

Neben diesem, dem unversehrten Fuss, lagen die Werkzeuge verstreut: ein hässlicher Tibâwidolch, ein Holzschneidemesser und eine kleine Steinscheibe.

Im Wadi sammelten sich die Fliegen. Ihr Summen klang wie Wehklagen.

8

Wann immer von der Dürre die Rede war, wann immer die Hirten, die Nomaden, die Wanderer davon zu erzählen begannen, was sie anstellte und anrichtete, erinnerte sich Âdda an die abgehauene Hand, die wie ein Stück Holz auf der Erde lag, an das verunstaltete Bein, das sich mit einigen elenden Adern am Schenkel festklammerte, das geheimnisvolle Schimmern auf den Blutlachen trat ihm vor Augen, und er hörte das Wehklagen der Fliegen.

Die Hand, das Bein, das Schimmern und das Wehklagen waren ein Geist mit vier Köpfen, der ihn auf die Ebene drängte, der ihn mit seinem Stamm am »Die Brust der Erde« genannten Brunnen lagern liess, als sich die Nachrichten von der Dürre in der Grossen Wüste verbreiteten. Und als die Scheiche zu ihm kamen und Bakka vortrat und ihm Vorwürfe machte, weil er sich erniedrige und länger als vierzig Tage am selben Fleck weile, zuckte er zusammen, entfernte sich und sprach von den Rechtfertigungen der Ruhe und der Sesshaftigkeit. Die Dürre aber und die abgehauene Hand, die wie ein Stück Holz dalag, das verunstaltete Bein, das sich an der Wurzel festklammerte, das geheimnisvolle Schimmern, das auf der Blutlache lag, und das Summen der Fliegen, das wie Wehklagen klang – all das erwähnte er nicht. Er zuckte zusammen und verbarg das Geheimnis des Schimmerns, der Wehklage, des leeren, schmerzvollen Blicks gen Himmel tief in seinem Innern.

Moskau, 18. April 1991

Der Stammesführer betrachtet den Schädel

Er erklomm den Hügel und betrachtete das Schauspiel des Sonnenuntergangs. Schaute in die erlöschenden kupfernen Strahlen und erklärte der Sonne, alles Hochmütige müsse notwendig zerbrechen. Und wenn selbst die Sonne sich alltäglich niederwirft und den Märtyrertod stirbt, wie sollte da der Mensch nach Ewigkeit verlangen? Einst war die Ebene übervoll mit Leben, doch nun war sie Leere, Wüste, Nichts. Der Stamm mühte sich auf der Erde wie ein Ameisenvolk und fiel doch der Vergänglichkeit anheim. Wie sollte ihn da diese Vergeblichkeit nicht ermutigen, zum Credo der Einsamkeit zurückzukehren? Hätte er es damals abgelehnt, der einstimmigen Aufforderung der Scheiche nachzukommen, die Führung des Stammes zu übernehmen, wäre er in der Wüste geblieben und weiterhin umhergezogen wie ein Gespenst, wie eine Fata Morgana, würden jetzt nicht diese Sorgen auf ihm lasten. Er sässe nicht kummervoll hier und griffe nach dem Wind wie der elende Seher nach dem Schädel der dahingegangenen Prinzessin. Auf die Einsamkeit zu verzichten, die rastlose Wanderung aufzugeben, das war der erste Fehltritt gewesen. Der Weg des Irrtums und des Fehlers beginnt immer mit einem kleinen Betrug, einem kleinen Ausrutscher. Bei ihm hatte es damit begonnen, dass er nachgab und sich einverstanden erklärte, ins Lager des Stammes zurückzukehren. Hätte er sich für das Umherziehen entschieden, wäre er den Weg der Einsamkeit gegangen, hätte der Stamm auch keinen grossen Führer verloren. Vielleicht hätte man sogar einen fähigeren, weiseren, geduldigeren als ihn gefunden. Er aber hätte nicht sich selbst verloren. Das hatte er gelernt, dass Verlust mit Bindung beginnt und mit Verzettelung und Leidenschaft endet. Dann aber ist Gefahr im Verzug, die Kette von siebzig Ellen schliesst sich, und das Geschöpf sitzt in der Falle, im Gefängnis, hinter Gittern, deren geheimnisvolles Merkmal es ist, dass man anders hinausgeht, als man hineinging. Hineinzugeraten ist immer einfacher, als sich daraus zu befreien. Das scheint das besondere Merkmal aller Dinge zu sein, die zur Bindung verführen und an die Erde fesseln. Die Erde ist stärker und geeigneter, sich des Wesens zu bemächtigen, weil es ihre vorrangige Rolle ist, Leben zu schaffen. Der Himmel gibt den Hinweis, sät das Zeichen. Dann ist es an der Erde, sich der Schöpfung anzunehmen. Auf ihren Schultern liegt die Last der Geburt. Es ist wie bei Männchen und Weibchen, wie bei Mann und Frau. Darum ist das Band, das das Geschöpf ans Weibchen, an die Mutter bindet, stärker. Darum bietet die Erde auch eine Vielfalt von Dingen, die zum Bleiben verlocken; sie bietet Bequemlichkeit und Sicherheit, und wenn es dem Wandersmann gefällt zu bleiben, findet er sich in Fesseln gelegt, unfähig, diese zu zerreissen, festgehalten am Boden mit der Kette von siebzig Ellen Länge. Dann ist es vorbei mit dem Traum von der Einsamkeit und der Wanderung. Dann bleibt dem Menschen nichts anderes, als über den Sand zu kriechen wie der Sklave, wie der Bauer in der Oase, wie alles, was da kreucht und fleucht, bis über seinem Haupt die Vergänglichkeit anhält und ihn zum Ursprung zurückzukehren heisst, in den Leib der Finsternis, in den Staub. Er betritt die

Erde durch ein Tor, wo ihn die Würmer empfangen, um ihn seiner menschlichen Züge zu berauben und seinen Schädel nackt, trist und abscheulich zurückzulassen. Seit er den Schädel in der Hand des Sehers gesehen hatte, fragte er sich, was ihn eigentlich an diesem Anblick so erschüttert hatte. War es das Weiss des Knochens, das ihn an ein Leichentuch erinnerte? War es das Zeugnis von der Macht des Todes und der Eitelkeit menschlichen Seins? War es der Beweis, dass allein das Vergehen ewig ist und dass es in der Wüste nichts anderes gibt als Vergehen, Wahn und Vergänglichkeit?

Weiss besitzt eine besondere Macht. Er wusste nicht, warum die Bewohner der Wüste diese Farbe für heilig hielten. Kaum ist beispielsweise ein Kind geboren, wickelt man es auch schon in leuchtendweisse Tücher. Auch wenn jemand stirbt, wird er in weisse Tücher gewickelt. Und die Reise von den Tüchern der Geburt zu den Tüchern des Todes verbringt der Wüstenbewohner angetan mit einem tristen, weiten weissen Gewand, das ihn ständig an das Leichentuch gemahnt. Vielleicht ging ja die Verehrung der weissen Farbe beim Wüstenbewohner darauf zurück.

Weiss ist die Farbe der Trauer in der Wüste.

Weiss ist die Farbe der Gespenster und der Toten in der Wüste.

Alle, die je mit den Seelen der Verstorbenen zu tun hatten, und alle, die je von Geistern und Toten heimgesucht wurden, behaupten einstimmig, dass die Bewohner des Unsichtbaren sich mit Vorliebe weiss kleiden. Dagegen erklären diejenigen, die mit den Dschinnen zu tun haben, dass diese Schwarz als Kleidung bevorzugen. Der Schädel war ehrfurchtgebietend durch seine weisse, bleiche, reine

Farbe, nicht weil er die Vergeblichkeit der Reise zwischen den Tüchern der Wiege und denjenigen der Vergänglichkeit versinnbildlicht, sondern weil sein Weiss eindeutig von der Verwandlung und der Abrechnung spricht. Der Schädel würde nie weiss leuchten und nie diese Reinheit besitzen, wenn er nicht durch die Finsternis gegangen wäre, wenn er nicht auf Erden gelebt und Strafe und Hölle erlitten hätte. Der Schädel wurde gewürgt durch Enge. Er hat Staub geatmet und garstige Sandkörner gekostet. Und er hat die Gefrässigkeit der Würmer erlebt. Der Schädel ist der Beweis der Reinheit, weil er erst hervorkommt, nachdem er den Sühnepreis entrichtet und sich im Abgrund gewälzt hat. Diesen tristen, geheimnisvollen, schmerzvollen Abgrund sah er in dem leeren Mund, der blöde, vielleicht gefrässig, offenstand, als wollte er an die Lebenden das rätselhafte Vermächtnis weitergeben, das er von den Toten mitgebracht hatte. Das Vermächtnis des Unbekannten, das menschliche Sprache nur erfühlen kann, das auszusprechen sie jedoch nicht imstande ist. Dasselbe geheimnisvolle Vermächtnis, das er von seinem alten Freund vernommen hatte, der allein im Tassîli wohnte. Dieser hatte ihm erzählt, das Schicksal habe einmal einen niedrigen Mann aus dem Volk der Dschinnen zu ihm gesandt. Er habe ihn bei Nacht aufgesucht und ihn mit Steinen beworfen, ihm Wasser über den Kopf geleert oder ihn im Schlaf mit Sand zugeschüttet. In den ersten Tagen habe er versucht, ihn mit dem Koran zu erschrecken. Er habe ihm die paar Verse entgegengehalten, die er, fehlerhaft, von einem wandernden Fakîh gelernt habe. Aber der Dschinn zeigte sich nicht beeindruckt. Vielleicht hatte ja die falsche Aussprache ihre Wirkung beeinträchtigt. Jedenfalls ermutigte dieser Fehlschlag den Dschinn, seine feindseligen Aktivitäten zu intensivieren. Er nahm sich einen Knüppel und attackierte ihn damit, und als er am Morgen erwachte, war sein Körper mit Striemen überzogen. An diesem Punkt versuchte der Mann eine andere Lösung. Er redete lange mit seinem Widersacher. Sprach zu ihm über Gut und Böse und über das Geschick, das den Bösen zuteil wird. Der Dschinn reagierte mit wildem Gelächter, das das Tassîligebirge erschütterte und lange von den Gipfeln widerhallte. Dann liess er einen Steinhagel auf ihn herabregnen.

Der Mann dachte über sein Unglück nach. Er suchte verzweifelt nach Zauberern und Sehern auf den Karawanenwegen. Doch Zauberer, Seher und Wanderer waren allesamt mit dem Dschinn verschworen und wählten andere Wege, die nicht durch das Tassîli führten. Vielleicht hatte sich auch der verfluchte Dschinn eingemischt und sie daran gehindert, dort vorbeizuziehen. Der Mann war verzweifelt und legte sich in eine Höhle, die mit den Symbolen und den Zeichnungen der Ahnen ausgeschmückt war. Diese Zeichnungen und Bilder waren es, die ihm den Talisman offenbarten. Er stieg von der Höhe herab und suchte am Fuss des Berges Schutz, wo die Gräber der Altvordern verstreut lagen. Er wählte sich einen Edebni* als Kopfkissen und schlief bis zum Morgen. Nach Sonnenaufgang erwachte er und stellte fest, dass er seit dem Beginn der Heimsuchung durch den bösen Dschinn nie mehr so tief geschlafen hatte. Also suchte er weiterhin jede Nacht bei den Knochen der Vorfahren Schutz, bis er die Verfolgung durch die Bewoh-

* die alten Ahnengräber

ner des Unsichtbaren vergessen hatte. Dann machte er sich nach Osten auf, hinter den Kamelen her. Doch gleich in der ersten Nacht, die er fern von dem Grab verbrachte, suchte ihn sein alter Widersacher wieder auf und tyrannisierte ihn. Also liess er am Morgen die Kamele allein und kehrte zu dem Edebni zurück, setzte sich darauf und begann seine Wunden zu verbinden und die Striemen zu behandeln. Er verbrachte die Nacht dort, und der Feind blieb verschwunden.

Nun begriff er, dass er zum Gefangenen des Grabes geworden war, da die Bewohner des Unsichtbaren offenbar beschlossen hatten, sich, wenn sie mit ihm allein waren, rachsüchtig über ihn herzumachen, ohne dass er die Ursache dafür kannte. Das einzige Bollwerk dagegen war die letzte Ruhestätte der Ahnen. Doch unglücklicherweise ist der Wüstenbewohner ein wanderndes Geschöpf, das sich nicht an einen Haufen Steine binden und sich eine Zufluchtsstätte erst nehmen darf, wenn es beschlossen hat zu sterben. Da fiel ihm eine List ein. Er öffnete ein Grab, holte den bleichen Schädel hervor und steckte ihn in seinen Beutel. Danach stieg er hinunter in die Ebene und benutzte ihn dort als Kopfkissen und schlief ungestört die ganze Nacht, ohne den Dschinn zu Gesicht zu bekommen. Er war also gezwungen, den Schädel bei sich zu behalten und ihn hinfort als Talisman auf allen seinen Wanderungen mitzuführen.

Einmal nun öffnete sein Freund den Beutel und holte den Schädel hervor. Er schaute ihn prüfend an und fand ihn majestätischer und schöner als alle Schädel, die er bislang gesehen hatte. Er war erloschen. Bleich wie der Staub, wie die Körner des Sandes. Die Erde hatte Stücke der Schädeldecke weggefressen, hatte das Gehirn und einen Teil des linken Kiefers abgenagt. Aber er konnte nicht abstreiten, dass die Stücke, die durch die lange Zeit in der Tiefe der Erde verlorengegangen waren, die Majestät noch intensivierten und ihn, wie alles Alte und Weise, prächtiger und schöner erscheinen liessen.

Moskau, 26. April 1991

Idikrân als Gast der Schakale

Der Anführer der Schakale empfing ihn in einer Strohhütte. Ein fülliger alter Mann, eher grossgewachsen. Eine wulstige Nase, ebensolche Lippen. Um den Kopf trug er ein Band aus Schakalleder, verziert mit Glasperlen. Sein rechtes Handgelenk schmückte ein lederner Armreif – auch dieser soll aus Schakalleder gewesen sein –, auch er versehen mit Glasperlen. Dagegen war die mächtige Kette, die ihm um den Hals hing, aus Muscheln. Er hielt einen Speer in der Hand, dessen Spitze, wie man Idikrân erzählte, vergiftet war. Er hielt ihn wie ein Zepter.

Der Anführer war umgeben von den Häuptern der Sippen und den Führern des Heeres. Sie lagen auf geflochtenen Schilfmatten. Er begrüsste ihn mit einer Kopfbewegung, dann lächelte er. Mit einer Handbewegung lud er ihn ein, sich ihm gegenüberzusetzen. Einer der Männer rückte zur Seite, um Platz zu machen. Der Anführer schüttelte seinen vergifteten Speer dreimal in der Luft, dann rollte er an seinem weiten weissen Gewand den rechten Ärmel hoch und sprach zu den Versammelten: »Es ist keine Schande, dass wir vom Charakter der Schakale profitieren. In den Mythen der Ahnen heisst es, dieses edle Tier lasse sich nur mit den Tapferen in einen Kampf ein. Und wisst ihr, warum? Glaubt ihr etwa, es tue das allein aus Edelmut?«

Er musterte Idikrân, und seine wulstigen Lippen lösten sich zu einem liebenswürdigen Lächeln. Dann nahm er seine Ansprache an die Versammelten wieder auf: »Glaubt auch nicht, es tue das aus Stolz. Es gelangte zu dieser Überzeugung aus der weisen Einsicht heraus, wonach das Geschöpf einem Kampf nur aus dem Weg gehen soll, wenn es darin eine Gefahr für sich erblickt.«

Er wandte sich an Idikrân: »Was meint der Seher aus Timbuktu dazu? Billigt der Löwe von Timbuktu auch diese Moral?«

Doch er wartete Idikrâns Antwort nicht ab, sondern fuhr fort: »Auch wir haben uns in unserer Beziehung zu den Matti-Matti* mit diesem Grundsatz gewappnet. Andernfalls hätte uns schon vor langer Zeit das Feuer vernichtet. Sie sind das Feuer der Wüste. Der Seher aus Timbuktu weiss doch wohl, dass wir sie Feuer nennen?«

Ein kurzes Lachen offenbarte seine leuchtendweissen Zähne. »Sie sind schlimmer als das Feuer«, fuhr er fort, »schlimmer als die Sonne, als der Hunger, die Wüste. Die Matti-Matti sind die eigentliche Wüste des Kontinents.«

Er schwenkte seinen Speer in der Luft, wiederum dreimal. Liess seinen Blick unter den Anwesenden umherwandern. Sie schauten ihn mit roten Augen an. Augen, die weder Neugier noch Würde, noch sonst etwas zum Ausdruck brachten. Nur Röte.

»Aber ich gebe zu«, sagte der Anführer, »dass sie trotz allem edel sind. Ein tapferer Kämpfer muss auch die Qualitäten seines Feindes anerkennen, wie hart das auch sein mag. Gibt es doch nichts Schlimmeres für einen Kämpfer, als dem Feind bei einer Eigenschaft wie dem Edelmut den Vorrang einräumen zu müssen. Edelmut zuzubilligen ist

* Name, den die Atibbustämme für die Tuareg benutzen

schwieriger, als in einer Schlacht zu siegen oder einen Krieg zu gewinnen. Wegen ihrer Kampfeslust waren wir schon häufig gezwungen, mit ihnen Verträge zu unterzeichnen, die wir dann verräterisch brachen. Das ist eine Sünde, die wir eingestehen müssen. Trotzdem haben sie mit uns immer wieder neue Vereinbarungen unterzeichnet, wenn wir Frieden suchten und um einen Waffenstillstand baten. Diese dauernde Bereitschaft ihrerseits zur Friedfertigkeit hat mich vor kurzem dazu gebracht, sie als edel anzuerkennen. Niedrige Menschen können das Einfalt nennen, aber ich als Anführer darf nicht wie der niedrige Pöbel einen Feind als einfältig bezeichnen, weil er einen Waffenstillstand mit mir geschlossen hat, als ich geschlagen und schwach war. In der langen Geschichte unseres Kampfes haben sie Verträge unterzeichnet, weil sie siegreich waren, wir dagegen nicht aus einer Position der Schwäche, sondern als Hinterhältige, die sich bei ihrem Feind in Sicherheit zu bringen trachten, solange sie nicht imstande sind, ihn erfolgreich zu bekämpfen. In der langen Geschichte dieser Auseinandersetzung haben nie sie die Feindseligkeiten begonnen. Immer waren wir es, die ihre Heimstätten angriffen und ihre Karawanen plünderten, und zwar allein deswegen, weil wir das Gefühl hatten, zu einer solch dreisten Tat fähig zu sein. Wenn sie sich dann sammelten, Atem holten und zum Gegenangriff ansetzten, um den Vertragsbruch zu rächen, wurden wir kleinlaut und bettelten um Verzeihung. Nicht nur bettelten wir um Verzeihung, nein, wir baten auch um einen neuen Waffenstillstand. So geht das seit Jahrtausenden. Ich habe diese Geschichte nicht erfunden. Ich habe sie von meinen Altvordern geerbt.«

Er schwieg lange. Er betrachtete die roten Augen, die ihn im Dunkel der Hütte wie Dschinnenaugen umgaben.

»Heute nun«, fuhr er fort, »haben wir das Gefühl, fest, fähig und imstande zu sein, zum Angriff zu schreiten und uns zu rehabilitieren. Wir können nicht so edel sein wie sie und uns an die Verträge halten, und zwar aus dem einfachen Grund, dass wir nicht so sind wie sie. Unsere Natur ist eine andere. Wir haben zu niemandem Vertrauen, nicht einmal zu uns untereinander. Wir dürfen nicht einmal unseren Brüdern oder Vettern den Rücken zuwenden, weil sie uns sonst meuchlings erdolchen. Wie sollten wir da den Matti-Matti vertrauen, bloss weil sie edel sind? Verrat ist unser Leitspruch. Er hat uns in den Gefilden der Wüste seit Jahrtausenden am Leben erhalten. Wir haben beschlossen, den Zorn auszunützen, den die Dschinnen den Matti-Matti gegenüber hegen, weil diese Gold ansammeln und so dem Vertrag zuwiderhandeln, der zwischen den beiden Wüstenstämmen besteht: den Bewohnern der Wüste und den Bewohnern des Unsichtbaren. Dies ist eine Gelegenheit, uns für die Erniedrigung zu rächen, die wir durch den Ordensscheich erfahren haben. Ich möchte euch eine Botschaft übermitteln, die zur Stärkung eures Mutes beitragen wird. Die Dschinnen haben ihre Zustimmung gegeben, sich mit uns für den Kampf gegen Wâw zu verbünden. Sie haben uns den Weg der Finsternis zur Verfügung gestellt, um unser Vorhaben zu erleichtern. Habt ihr je von günstigeren Umständen für einen Krieg auch nur zu träumen gewagt?«

Der Führer hielt inne. Mit roten Augen schaute er in die roten Augen.

Als sein Blick auf denjenigen Idikrâns traf, lächelte er.

»Wenn wir einen Krieg gewinnen wollen«, sagte er, als wäre er allein mit ihm, »müssen wir immer am schwachen Punkt des Feindes ansetzen. Der schwache Punkt der Matti-Matti liegt in ihrer Angst vor der Schande. Und es gibt keine Schande, die grösser wäre, als einem Mann den Gnadenstoss zu geben, der die Waffen streckt und sich unterwirft. Unterwerft euch also immer, und streckt die Waffen, wenn ihr die Gefahr spürt. Aber zögert nicht, zu den Waffen zu greifen, wenn der Gegner unaufmerksam ist und ihr überzeugt seid, ihn mit einem tödlichen Stoss erledigen zu können. So haben es schon die Ahnen mit ihnen gemacht. Und ich habe nicht die Absicht, dem heiligen Vorgehen zuwiderzuhandeln und mich von den Ahnen in ihren Gräbern verfluchen zu lassen. Sollte es hier jemanden geben, der die Sache anders sieht?«

Niemand sah es anders als der Anführer. Also sagte niemand etwas dazu. Niemand flüsterte. Niemand machte auch nur das geringste Zeichen. Und so nahm der Führer seine Rede wieder auf: »Ich möchte die Angelegenheit unserem Freund Idikrân, dem Seher aus Timbuktu, der uns bei der Unternehmung als Führer und Helfer beistehen wird, erst unterbreiten, wenn ich sicher bin, dass ihr alle mit dem Angriff einverstanden seid. Nicht weil ich die Entscheidung nicht allein treffen will, sondern weil ich weiss, dass die Stimme, die in der Versammlung zweifelnd schweigt, im Kampf zum Grund für die Niederlage wird.«

Alle Anwesenden nickten zustimmend. Aus ihrer Brust löste sich ein kollektiver Laut, der Idikrân an die kehligen Laute der Schakale erinnerte, kurz bevor sie sich auf die Beute stürzen.

Der Anführer wollte gerade dem Zauberer Mamado das Wort erteilen, damit dieser sich über den Bund mit den Dschinnen äusserte, als etwas geschah, das ihn zwang, dies zu verschieben. In der linken Reihe war ein hagerer Mann aufgestanden, die Brust entblösst, auf dem Kopf ein ärmlicher, zerschlissener Turban. Seine kleinen Augen rollten in den Höhlen nach rechts und nach links, weshalb man davon nur das mit Rot durchzogene Weiss sah.

»Der hocherhabene und hochweise Häuptling, der majestätische Anführer der Schakalstämme möge mir ein Wort gestatten«, bat der Mann. »Ich hätte niemals die Dreistigkeit gehabt, eine solche Bitte zu äussern, hätte ich nicht gesehen, dass das Schicksal des Stammes mit der geplanten Unternehmung verknüpft ist. Hätte ich nicht gesehen, dass der Verzicht auf kriegerische Expeditionen vorteilhafter ist als deren Durchführung, ausser wenn der Hunger sie verlangt. Ich will damit sagen, dass es für das Schicksal und die Zukunft des Stammes gefährlich ist, ihn in eine Unternehmung zu stürzen und einen Vertrag mit benachbarten Stämmen zu brechen, und das allein zur Befriedigung eines Rachegelüstes. Ich habe mit grösster Aufmerksamkeit den Worten des Häuptlings gelauscht und versucht, die ewige Weisheit zu ergründen, die für unseren Stamm im Bruch von Verträgen und in der Billigung von Verrat liegt. Dabei bin ich zu einem einzigen Ergebnis gelangt, und dieses lautet, dass die Gefahr über unserem ebenso wie über unserer Kinder und Kindeskinder Haupt weiter dräuen wird, solange wir nicht willens sind, gegen diese törichte Tradition, und sei es nur ein einziges Mal in unserem Leben, zu verstossen.«

Ein Gemurmel durchzog die Versammlung. Der Anführer lächelte nachsichtig. Er schüttelte den gewaltigen Speer in der Luft, worauf Schweigen einkehrte. Dann nickte er dem Sprecher zu, und dieser fuhr fort: »Ich wollte damit sagen, dass wir tausendmal darüber nachdenken sollten, bevor wir einen feindseligen Akt unternehmen, von dem wir wissen, dass die Matti-Matti mit einem Feuer darauf reagieren werden, das unsere Hütten ebenso verzehrt wie unsere Kinder und Kindeskinder.«

Verhaltener Unwille wurde laut. Der hagere Sprecher traf Anstalten, seinen Platz wieder einzunehmen, doch der Anführer lächelte ihm wiederum nachsichtig zu und machte ihm ein Zeichen innezuhalten. Mit derselben Nachsicht sagte er: »Bevor der Anführer auf die Worte des Oberhaupts der Moro-Moro-Sippe antwortet, bittet er ihn, ihm einen Trunk Wasser zu holen, damit er seine Kehle netzen kann.«

Das Oberhaupt der Moro-Moro-Sippe verneigte sich ehrfurchtsvoll und ging zur Tür. In dem Augenblick, in dem er sich bückte, um hinauszugehen, traf ihn der vergiftete Speer in die Schulter. Er stiess einen Schrei aus, dann heulte er lang und schmerzvoll auf. Es war ein Laut, dem Heulen der Schakale nicht unähnlich. Er lehnte sich an den Türrahmen und versuchte den Häuptling anzuschauen. Seine Augäpfel drehten sich, aber sein Blick blieb in die Weite gerichtet. Am Eingang der Hütte stürzte er nieder und begann zu zittern. Auf seine Lippen trat Schaum. Das Gift zeichnete ihm dunkelrote Striemen aufs Gesicht.

Der Häuptling machte den Dienern ein Zeichen, ihn wegzuschaffen. Drei Männer traten heran, die als einzige

Bekleidung ein paar farbige Lederstreifen über der Scham trugen.

»Die Ahnen in ihren Gräbern würden mich verfluchen«, fuhr er nachsichtig, aber ohne Speer fort, »wenn ich irgendeiner Kreatur erlaubte, ihren Bestimmungen zuwiderzuhandeln, selbst wenn es sich um das Oberhaupt der Moro-Moro-Sippe handelt.«

Er wandte sich Idikrân zu und fragte würdevoll: »Wird der Seher von Timbuktu nun die Güte haben, uns mitzuteilen, was die Sterne für uns verborgen halten?«

Der Seher richtete sich auf. Er zog sein dünnes Tuch um das Gesicht, wandte seinen Blick zur Decke und begann: »Im Idi* habe ich gelesen, dass das Schicksal Wâw bestimmt hat zu verschwinden. Einige Personen haben sich dagegengestemmt. Sie wollten es in der Wüste mit Hilfe von Gold auferstehen lassen. Und während die Aneignung von Gold die Dschinnen erzürnte, war der Gedanke, Wâw aus der Welt des Unsichtbaren zu holen und in der Wüste sichtbar zu machen, eine Widersetzlichkeit gegen die Götter und eine Hybris gegenüber dem Schicksal.«

Der Häuptling schüttelte, statt des verlorenen Speers, dreimal den Kopf. Dann wandte er sich an den Zauberer Mamado und fragte ihn mit der Unerschütterlichkeit der Häuptlinge: »Welch gute Botschaft bringst du uns, Mamado? Hast du für uns den Bund mit den Dschinnen geschlossen?«

Mamado schaute ins Leere. Er schob seine Brust nach vorn und beugte seinen Kopf nach hinten. Mit seinem weis-

* ein Stern, der bei den Tuareg Hund heisst

sen Kraushaarpelz und der Knochenkrone, die sein Haupt umgab, sah er ehrfurchtgebietend aus. Mit einer Direktheit, die in der Sprache der Zauberer fehl am Platz erschien, sagte er: »Der König der Dschinnen segnet das Bündnis und garantiert euch den Sieg – unter einer Bedingung.«

Er schwieg, und niemand unterbrach ihn. Nicht einmal der Häuptling bat um die notwendige Erläuterung.

»Die Bedingung betrifft die Beute«, fuhr Mamado, den Blick noch immer ins Leere gerichtet, fort. »Der König der Dschinnen lässt euch ausrichten, er werde mit euch keinen Bund eingehen, wenn euch das Böse verleiten sollte, Hand an die Schätze zu legen. Das Gold gehört den Dschinnen, ihr dagegen habt Anrecht auf die Gefangenen und die übrige Beute.«

»Der Zauberer Mamado kann seiner Majestät dem König unsere Zustimmung überbringen. Sag ihm, selbst wenn Gold imstande wäre, Wâw zu schaffen oder es vom Himmel, oder sagen wir aus der Welt des Unsichtbaren, herabzuholen, soll es nicht den Kaufleuten in die Hände geraten, die damit gegen den Vertrag verstossen und es als Lebenswährung nehmen wollen.« Er schaute alle im Kreis an und erklärte mit dem Stolz eines Anführers: »Wir wollen nichts als uns rächen. Die Rache ist unsere primäre Beute.«

Doch da warnte der Zauberer von dort aus der Leere: »Rache ziehe nur Rache nach sich, sagt der König der Dschinnen. Einmal begonnen, finde das bestialische Spiel erst ein Ende, wenn eine der beiden Seiten erledigt sei.«

»Sag dem König der Dschinnen«, protestierte der Häuptling, »das sei das Gesetz der Menschen. Das Gesetz der Wüste. Das Gesetz des Lebens. Kein Mensch kennt den Geschmack des Lebens, der nicht die Süsse der Rache gekostet hat. Sag ihm, ich bedauerte die Dschinnen, da sie nicht wissen, was Rache heisst.«

Der Zauberer bewegte das Haupt und lächelte ins Leere. Ein winziges, tristes Lächeln, rätselhaft.

Am nächsten Morgen begann man mit den Vorbereitungen für die Unternehmung.

Moskau, 27. April 1991

Die Wanderung

1

Keiner kennt das Ausmass des Verlusts, des Verlorenseins. Keiner kennt das Ausmass dieses Schicksals, sei es in der Zeit, sei es im Raum. Wann hat der Wüstenbewohner Wâw verlassen? Wann hat er sich vom Ort seines Ursprungs getrennt, von der Wurzel? Wo begann der Lauf des Elends? Wo beginnt der legendäre Kontinent, der da Wüste heisst? Wo endet das karge Land?

Das Vergessen senkte sich herab, der Vertriebene verlor sein Gedächtnis. Das Vergessen hätte vom Fluch zur Gnade werden und den Wüstenbewohner vor dem Elend der Sehnsucht, der Qual des Exils retten können. Aber es wurde zum Ziel des Hasses, weil es den Körper traf und die Seele verfehlte. Der Wüstenbewohner ging, da sein Körper das Gedächtnis verlor, des Wegs zurück nach Wâw verlustig. Aber er vergass nicht, ganz nach dem Willen des Urahns, und so vervielfachte sich das Elend. Die Seele suchte, forschte, verlangte nach der Wurzel; der Körper aber war weglos, langsam, stumpf, ohne Zugang zu dieser Wurzel.

Der erste Verlust gebar einen weiteren. Verloren ging das Anhi, was den Bewohner der Wüste eines weiteren Lebensführers beraubte. Wâw führte ihn zum Himmel, das Anhi führte ihn zur Erde, zum Leben und zu den Menschen. Durch den Verlust des Buches wurde auch der Weg zur Erde unterbrochen, wurde die Existenz selbst eine verlorene. Die Existenz des Wüstenbewohners ist eine vom Anfang bis in alle Ewigkeit verlorene, ja, auch die Wüste ist ein Kontinent für sich, abgetrennt, verloren. Die Wüste ist weglos seit Ewigkeiten. Und die Seher sind sich einig, dass sie niemals zu ihrer Wurzel gelangen wird.

Der Verlust, das Verlorensein ist das Schicksal der Wüste, wie sollte es da nicht das Schicksal ihres Bewohners sein?

2

Die Derwische des Kadirîja-Ordens kamen in die Wüste und priesen den Verlust. Sie bauten Klöster in den Oasen und schrieben an deren Wände in kufischer Schrift: *Wer nicht verliert, der kann nicht finden* und *Finden kann nur, wer verloren hat* oder *Die Wahrheit liegt im Verlust* oder gar diesen geheimnisvollen Satz: *Der Verlust ist das Geheimnis des Findens* oder einen noch schwierigeren Spruch: *Der Verlust ist ein Weg, der zur Wahrheit führt, zu Gott* oder einen noch rätselhafteren: *Nichts wert ist der Mensch, der nicht den Geschmack des Verlusts gekostet hat.*

Die Bewohner der Wüste versäumten nicht, den Ordensscheichen Fragen zu stellen, und der Vorsteher des Klosters erklärte dem Stammesführer: »Bei uns ist das Finden nicht eine Faszination oder eine Liebe für einen bestimmten Zustand. Es ist eine Freude über das Wiederfinden eines verlorenen Schatzes. Der Mensch gibt sein Leben hin auf der Suche nach dem verlorenen Selbst, und wenn er es findet, ist er fasziniert, tanzt vor Freude und fällt in Ekstase. Doch er ist nicht in der Lage, es zu finden, solange er es nicht zuvor verloren hat. Nie wird etwas gefunden, was nicht zuvor verloren gewesen ist. Wie also solltest du dich nicht freuen, wenn du dich selbst findest? Wie solltest du nicht tanzen, wenn du Gott findest? Wie solltest du nicht in Ekstase fallen?«

Doch die Antwort zerriss nicht den Schleier und schlug keine Bresche in die Wand des Vergessens. Der Stammesführer streifte weiterhin durch die offene Wüste, erkundigte sich bei den Wanderern und befragte die Dschinnen.

Er sprach mit einem fahrenden Fakîh, der ein Argument vorbrachte, um die Kompetenz der Ordensscheiche zu erschüttern und gegen die Derwische vom Leder zu ziehen: »Wenn ihr, die Bewohner der Wüste, den richtigen Weg erfahren wollt, haltet euch vom Ordensweg fern! Wie lange noch wollt ihr diesen Ketzern Gehör schenken, die sich die Brust mit Messern zerfetzen und behaupten, Gott geschaut zu haben? Bei Gott! Ihr werdet nie aus der Finsternis heraustreten, solange ihr euch an Abartigkeiten orientiert und mit Ordensleuten und Ketzern parliert.«

Er verlangte ein Honorar für die Fatwa, bevor er auf die Frage nach Verlust und Verlorensein antwortete. Er nahm eine Handvoll Erde und warf sie dem Stammesführer ins Gesicht. »Es gibt keine andere Wurzel als die Erde«, kommentierte er sein Tun, »von ihr kommen wir, und zu ihr kehren wir zurück. Hört also auf herumzuheulen, Bewohner der Wüste! Haltet ein mit eurer Suche nach der Wurzel! Die Suche nach Erklärungen verkehrt sich, jenseits gewisser Grenzen, in Ketzerei!« Dann bestieg er sein Kamel und zog von dannen.

Doch der Stammesführer neigte nie den Fakîhs zu. Er verhehlte nicht einmal seine Sympathie für die Derwische, die in den Oasen gegen sie auftraten, und er vergass nie, dass die Derwische zurückgezogen in Klöstern lebten, während die Fakîhs sich über die Moscheen hermachten und sie besetzten. Ihnen folgten dann die ans Irdische Gebundenen, die dem Vergessen ergeben waren, während jene, die die Sehnsucht kannten, geheime Verbindung mit den Botschaftern des Verborgenen hielten, da sie sahen, dass die Wahrheit im Unsichtbaren blieb und Gott es ablehnte, etwas anderes als ein Geheimnis zu sein.

3

In Kano sprach er mit einem ehrwürdigen Seher, der der Religion der Magier angehörte. Dieser verlangte von ihm ein Stück Trôna*, bevor er ihm auf seine Frage antwortete. Er biss davon ab und kaute, dann spuckte er aus. Berauscht wiegte er hin und her, bevor er seine Antwort gab: »Nie wirst du den Weg nach Wâw finden, ohne die Erinnerung völlig wiedergewonnen zu haben. In eurer Wüste gibt es einen einzigen Baum, der dich aus der Finsternis des Vergessens befreien kann. Assajâr! Assajâr heisst er! Kennst du den Assajâr? Weisst du, was diese Pflanze bewirkt? Sie lässt dich sterben und wieder auferstehen. Sie lässt dich ein zweites Mal geboren werden. Suche den Assajâr, wenn du deine Erinnerung wiederhaben und den Weg zu deinem Gott finden willst.«

Als er später mit einem Seher aus Timbuktu über die geheimnisvolle Pflanze sprach, lachte dieser, bis ihm die Tränen kamen. Der Assajâr sei vor Jahrtausenden ausgestorben, erzählte er, und die Hoffnung, ihn zu finden, sei seit langem eitel. Doch dann trat er näher und flüsterte ihm das

* Natronsalz, als Aromastoff für Kautabak verwendet

Geheimnis ins Ohr: »Man erzählt, ein Hirte sei vor einigen Jahren darauf gestossen und hätte ihn, in der Annahme, es handle sich um Halfagras, seinem Vieh verfüttert. Am nächsten Morgen hätte er seine Herde nicht mehr vorgefunden.«

Der Stammesführer starrte ihn mit einem rätselhaften Blick an. »Wohin könnte die Herde verschwunden sein«, fragte er, »wenn kein Wolf sie angegriffen hat? Schliesslich verschluckt die weite Steppe keine Herden.«

»Das habe ich eben auch geglaubt«, antwortete der Seher, denselben rätselhaften Blick in den Augen, »aber die Hirten sind alle davon überzeugt, dass sich die Ziegen in Geistwesen verwandelt haben und ins Unsichtbare entschwunden sind. Sie haben es vorgezogen, unter den Dschinnen zu wohnen.«

»Was nützt es dann, den Assajâr zu finden, wenn dieser mich ins Unsichtbare hinüberführt? Ich will die Wahrheit, nicht das Unsichtbare.«

Da lächelte der Seher und sagte etwas Überraschendes: »Die Wahrheit liegt ebendort, im Unsichtbaren. Die Herde ist ins Unsichtbare gezogen, weil sie die Wahrheit erkannte. Jeder, der die Wahrheit erkannt hat, zieht es vor, ins Unsichtbare zu entschwinden.«

»Gefällt es also den Dschinnen, im Unsichtbaren zu leben«, fragte der Stammesführer, »weil sie die Wahrheit erkannt haben?«

»Hast du je daran gezweifelt?« entgegnete der Seher streng.

4

Die Antwort erhielt er durch einen weisen Dschinn. Zu Beginn jenes Sommers verliess er die Rote Hammâda.

Im Norden der Blauen Berge hatte er einen üppigen Frühling gehabt und zog nun mit seinen Kamelen ins Tâdrart, um dort den Sommer zu verbringen. Er liess die Herde in Wadis weiden, in denen die Tiere auf beiden Seiten Halfagras fanden. Er selbst stieg die Hänge hinauf, erkundete die Höhlen und wanderte zwischen den himmlischen Gipfeln umher.

Am Abend des dritten Tages fand er sich als Gast eines grosszügigen Stammes. Als er von seinem Mittagsschlaf erwachte, war das Tal voller Kamele. Männer schrien, Kinder weinten, Frauen riefen, und das Meckern der Ziegen vermischte sich mit dem Schnauben der Kamele. Er schaute auf und sah unten im Tal mehrere Zelte. Am Ufer des Wadis waren Feuer entzündet, und Rauchfahnen stiegen auf. Als eine Gruppe von Stammesältesten näherkam, erhob er sich, sie zu begrüssen. Mit der Würde edler Männer schüttelten sie ihm die Hand und liessen sich am Höhleneingang nieder. Er zündete Feuer an und machte Tee, dann holte er für sie einen Teller voll Datteln, von denen sie aber nicht assen. Sie erkundigten sich bei ihm nicht nach den Weidegründen und liessen sich nicht über die Regenlage aus. Und er scheute sich, ihnen über ihren Stamm oder ihr Wohin Fragen zu stellen.

Als sie die erste Runde Tee getrunken hatten, begann das Gespräch. »Der Körper ist mit tausend Klammern an die Erde gebunden«, hörte er einen von ihnen sagen. »Die Seele möchte sich erheben, haftet aber an der Wurzel.«

»Der Wüstenbewohner wird aus seiner Mutter Leib als Derwisch geboren«, fuhr der Älteste an Jahren und Würdigste an Gebaren fort. »Er irrt durch die leere Weite. Er schlägt sich mit der Faust an die Brust und klagt: ›Wer bin ich? Woher komme ich? Warum schleppe ich mich auf zwei Beinen dahin, statt mich mit zwei Flügeln in die Luft zu erheben? Warum bin ich hier? Was soll ich in dieser Wüste? Wäre es nicht schöner, ich wäre ein Lichtschein, ein Lufthauch oder ein Regentropfen? Was ginge der Wüste verloren, wenn ich nicht geschaffen wäre? Wäre es nicht einfacher für alle, wenn die Wüste nie mein Gesicht gesehen hätte? Wäre es nicht besser, wenn es mich nicht gäbe?‹ Doch der Wüstenbewohner gibt sich nicht mit Fragen zufrieden. Er eilt zum erstbesten Wanderer und beschwört ihn, ihm mitzuteilen, wer er sei, woher er komme und warum, und er fragt ihn, was denn wäre, wenn er nicht existierte. Ist nicht ein solches Geschöpf ein Derwisch von Natur aus?«

Dann herrschte Schweigen.

Nur unten im Wadi ging das Getöse weiter.

Einer von ihnen wandte sich an ihn und fragte unvermittelt: »Du suchst also nach Wâw? Man hat mir erzählt, auch du suchtest nach der Wurzel.«

Als er gerade zurückfragen wollte, wer in der Wüste denn nicht nach Wâw suche, wer auf diesem verlorenen Stern denn nicht nach der Wurzel suche, bemerkte er, wie der würdige Scheich den Mann mit einem strengen Blick zum Schweigen brachte. Er lenkte sich mit dem Umrühren des Tees ab.

»Es gibt Menschen«, fuhr der würdige Scheich fort, »die behaupten, auf der Wanderung zu sein sei ein Zeichen von

Feigheit, und wer immer weiterziehe, fliehe den Kampf mit den Dämonen in sich selbst. Ich dagegen glaube, dass Wâw nur im Weiterwandern und im Umherziehen existiert. Solange du wanderst, bist du mit deiner Seele verbunden. Wenn du stehenbleibst, geht sie weiter und entfernt sich von dir.«

Er schwieg einen Augenblick. Dann wandte er sich ihm zu, als richte er das Wort allein an ihn: »Nichts verschlingt den Dämon des Verlusts, des Verlorenseins als allein die Wanderung. Nichts lindert den Schmerz des Fragens als allein das Weiterziehen. Zieh also weiter! Hüte dich davor, stehenzubleiben! Wenn du dein Wâw nicht in dir selbst findest, bei deiner Wanderung, wirst du es nirgends finden.«

In jener Nacht war er Gast in ihrem Lager. Sie setzten ihm mannigfache Speisen vor, wie er sie noch nie zuvor gekostet hatte. Als er sich am Morgen dann erhob und sich am Fusse des Berges umschaute, fand er keine Spur mehr von ihnen, keine Spur vom Feuer des Vortags und auch nicht vom Dung der Herden, und er sah keine Fussspuren.

Er erinnerte sich an die Bewohner des Unsichtbaren und lächelte. Aber nie vergass er jenes Amulett, das er von dem weisen Dschinn erhalten hatte.

Es war das Amulett des Lebens.

Moskau, Mai 1991

Das Geheimnis des Goldstaubs

1

Bald nachdem der Ordensscheich sich des Stammes bemächtigt hatte, sagte einer der Jünger zu ihr: »Unser Scheich wird erst ruhig sein, wenn jeder Hinweis auf die Vergangenheit getilgt ist.«

Sie verstand, unterliess es aber nicht, auf die Drohung in der Sprache dessen zu reagieren, der um die Launen und den Trug der Zeit weiss: »Das ist Gottes Weisheit in der Schöpfung. Kein Herrscher ist ruhig, bevor er nicht auch das letzte Wort im Buch der Herrschaft getilgt hat.«

Den Jünger provozierte diese Sprache, und er reagierte mit einer Gegenprovokation: »Spricht die Magierseherin etwa die Sprache Gottes?«

Worauf sie kühl erwiderte: »Seit wann wäre die Sprache der Götter das Monopol irgendeines Geschöpfs?«

»Du sprichst, wie ich feststelle«, entgegnete der Jünger, »über den Ordensscheich, als wäre er irgendein Herrscher und nicht ein Bote des Wahren und des geraden Weges.«

»Jeder, dem daran liegt, die Leitung eines Volkes zu übernehmen, ist ein Herrscher, auch wenn er sich für einen Propheten ausgibt.«

Der Jünger schwieg, und sie setzte ihren Weg zur Weide fort.

Als der Scheich Têmet ein paar Tage später zu einem Gespräch einlud, war sie nicht überrascht. Nach Sonnenuntergang suchte sie ihn auf und fand ihn im Kreise seiner

Jünger. Er entliess diese mit einem Kopfnicken, setzte sich ans Feuer, das er mit etwas Holz nährte, und begann Tee zu kochen. Sie erwartete, er werde mit grossen Umschweifen zu reden beginnen, wie es die Art der Weisen und der Alten ist, doch überraschenderweise kam er direkt zur Sache: »Die Magie ist ein Schmutz, der von den Magiern und den Teufeln stammt. Das Unsichtbare zu lesen ist eine Einmischung in die Angelegenheiten des Schöpfers, der als einziger das Unsichtbare kennt. Oder täusche ich mich?«

Sie lächelte. Sie verstand, dass der Scheich nicht zur Schar der Weisen gehörte, dass er vielmehr Überraschungen schätzte, was ihn des Titels »Kämpfer« würdig machte.

»Aber nicht doch«, erwiderte sie. »Der Herr Scheich täuscht sich überhaupt nicht, aber er weiss natürlich auch, dass Er mit Einsicht erleuchtet, wen Er will, und dass Er mit einem Schleier bedeckt, wen Er will, und dass Er den Auserwählten den Weg weist. Ich hege keinen Zweifel, dass der Scheich des Kadirîja-Ordens der erste ist, der uns lehrt, dass allein die Allmacht aus den gemeinsten Knechten Auserwählte, aus den schwächsten Kreaturen Heilige macht. Oder sollte sich die Seherin in den Worten ebenso getäuscht haben wie zuvor im Verhalten?«

Nun lächelte auch der Scheich. Er spielte ein wenig mit seinem Bart. Stocherte mit dem Schürhaken im Feuer, überzeugt, die Seherin gehöre zu der Schar von Widersachern, die gegen einen direkten Schlag gefeit sind. Er beschloss, es mit einem Manöver zu versuchen: »Es betrübt den Scheich der Welt und der Religion, dass die Magierseherin sich nicht täuscht. Doch es freut ihn zu sehen, dass sie die Sprache Gottes spricht und sich zur Begründung und zum Beweis der Allmacht bedient. Ich gehe mit dir einig, dass das Geheimnis in der Allmacht liegt, aber ich werde euch nicht der Lüge zeihen, wenn ihr recht habt.«

»Ich rede nicht von der Ansicht des Gesetzes. Ich rede mit dem Scheich des Kadirîja-Ordens, der Gott in allem sieht.« Sie beobachtete ihn unter ihrem Tuch hervor; dann fuhr sie fort: »Ich will gern zugeben, dass mein Vertrauen in ein Geschöpf, dem sich der Schöpfer gezeigt hat, grösser ist als mein Vertrauen ins Gesetz. Denn das Geschöpf, dem Gott gewährt hat, Ihn zu schauen, gehört zur Schar der Auserwählten, die verstehen, was es heisst, eine Träne abzuwischen, die aus dem Auge eines Elenden quillt, das Blut zu stoppen, das aus einem schmerzgetroffenen Herzen strömt, oder Trost in eine Brust zu senken, die von Trauer überfliesst.«

An diesem Punkt unterbrach sie der Scheich. »Das ist aber weder die Überzeugung der Auserwählten noch derjenigen, die Gott geschaut haben. Der Trost ist nämlich eine Täuschung, und das Stoppen des Blutens im schmerzvollen Herzen ist eine Lüge. Ich gebe zu, dass wir uns von den Vertretern der Sunna* und denjenigen, die auf Äusserlichkeiten Wert legen, darin unterscheiden, wie wir zu den Unwägbarkeiten der Zeit stehen, und dass wir eine andere Sprache zur Lektüre des Lebensmusters heranziehen. Aber wir haben nichts mit den Lügen zu schaffen, und zwar aus dem einfachen Grund, dass wir an die Vorherbestimmung glauben.«

* Die Sunna ist die im sog. Hadîth festgehaltene Überlieferung dessen, was der Prophet Muhammad getan und gesagt haben soll. Sie gilt, neben dem Koran, als Grundlage islamischer Theologie. (Anm. d. Ü.)

»Ja, steht denn die Vorherbestimmung im Gegensatz zur Barmherzigkeit, grosser Scheich?«

»Ich verstehe nicht, was die Barmherzigkeit hier bedeuten soll. Ich weiss aber eines: Wenn das Elend ein Geschöpf aussucht, kann dieses nichts anderes tun, als sich dem Strom des Schmerzes zu überlassen, denn dann ist es der Wille des Schicksals, dass die Heilung im Schmerz liegt. Alle Religionen sind sich darin einig, dass die Läuterung der Weg zur Erlösung ist.«

Er hatte begonnen den Tee aufzugiessen. Plötzlich hielt er bei seiner Tätigkeit inne und rief: »Aber warte! Willst du nicht zugeben, dass dein Metier eine irdische Tätigkeit ist und nichts mit den Göttern zu tun hat?«

»Dass ich mein Wissen von den Sternen herabhole und die Wunden der Menschen auf Erden salbe, lässt mich nicht die Verbindung zum Himmel unterbrechen. Auch glaube ich nicht, dass irgendeine Tätigkeit Barmherzigkeit unter den Menschen säen kann, ohne eine Beziehung zum Himmel zu haben.«

»Nun ist aber das Zeichnen von Dschinnensymbolen auf Amulette eine Beschäftigung, die das Gesetz der Sunna nicht akzeptiert und die der Scheich des Kadirîja-Ordens nicht dulden kann, gleichgültig, wieviel Toleranz und Sanftmut ihn auszeichnen.«

Die Seherin wagte sich noch etwas weiter vor: »Auch die Fakîhs schreiben Amulette und zeichnen Talismane.«

»Was den Fakîhs hilft, ist der Koran. Die Talismane der Rechtsgelehrten benutzen die Sprache Gottes. Deine Talismane dagegen bedienen sich der Sprache der Dschinnen und ihresgleichen.«

»Was schadet es ihnen, dass sie in der Sprache der Bewohner des Unsichtbaren geschrieben sind, wenn sie den Menschen Heilung bringen?«

»Die Heilung liegt allein im Elend, durch das der Mensch hindurchgeht. Wir waren uns doch einig, dass es ohne Qualen keine Läuterung geben kann? Du solltest wissen, dass wir nur für das Elend geschaffen wurden und dass das Leben keine Vergnügungsreise ist.«

»Was schadete es diesem Leben, wenn es eine solche wäre?«

»Ich will mich nicht in den höchsten Willen einmischen, und mehr nachzudenken als nötig ist ein weiteres Elend.«

»Ich habe immer versucht, das Elend des Wüstengeschöpfs zu verringern.«

»Allein sein Weggang aus dieser Welt wird sein Elend verringern.«

»Was schadete es, wenn das Leben des Geschöpfs glücklich wäre, bevor es das Tor erreicht und Wâw es zu sich zurückholt?«

»Du mischst dich sehr in den höchsten Willen ein. Sich in die Angelegenheiten des Schicksals einzumischen ist das Verbrechen aller Seher.«

Er reichte ihr den Tee in einem hölzernen Becher. Dabei neigte er sich mit dem ganzen Körper zu ihr hinüber und inspizierte sie unverfroren. Er starrte ihr ins Gesicht, als habe er erst jetzt ihre Anwesenheit bemerkt. Sie hob ihr schwarzes Tuch vom Gesicht und schlürfte von dem Tee. Der Scheich starrte weiter und sagte schliesslich: »Ich rate dir dringend, von nun an das Zelt nicht mehr zu verlassen.«

Sie trank ungerührt ihren Tee weiter. Nichts in ihrem Gesicht deutete auf eine Überraschung über dieses Urteil.

»Solltest du weiterhin hinausgehen, kann ich nicht garantieren, dass du vor den Provokationen der Jünger sicher bist.«

Sie gab ihm den Becher zurück und sagte ruhig: »Ich bin doch überrascht, das jemand, der gekommen ist, um die Religion der Freiheit zu predigen, Gefangenschaft verfügt.«

Der Scheich richtete sich auf. Er schürte das Feuer. »Die Gefangenschaft ist das Schicksal des Menschen, seit Gott ihn in den Körper gezwängt hat«, sagte er knapp.

»Das ist die Sprache des Ordens. Aber die elende alte Têmet versteht nicht die Sprache derer, die Gott schauen.«

»Ich möchte dir damit nur sagen, dass nicht ich es bin, der die Einschliessung erfunden hat. Ich versuche nur, in meinem Handeln dem Beispiel des Erhabenen zu folgen, wie es sich für jedes Geschöpf ziemt.«

»Wenn Gott den Menschen eingeschlossen geschaffen hat, so hat er ihm doch die Freiheit gelassen, sich auf diesem Planeten namens Wüste zu bewegen.«

»Was nützt es ihm, auf dem Wüstenplaneten umherzuziehen, wenn er doch in einen Käfig gezwängt ist?«

»Ihr wisst, dass die Kreatur überhaupt erst eine solche ist, wenn man sie in die Lehmform gezwängt hat. Der Körper ist der Beweis für die Existenz eines Geschöpfs, wie Ihr wisst.«

«Ich sehe für den Gefangenen erst an dem Tag die Erlösung, an dem die Kette bricht, die Lehmform zerfällt und die Fackel sich aus der Finsternis des Körpers befreit und ins himmlische Licht hinaustritt.«

»Nun kehrt Ihr wieder zur Sprache derer zurück, die Gott schauen.«

»Die Gefangenschaft ist das Schicksal des Menschen.«

»Stimmt Ihr mir nicht zu, dass die Wüste eine Alternative zu dieser Gefangenschaft ist?«

»Niemals. Die einzige Alternative ist der Weggang aus dieser Welt.«

Die Seherin schwieg. Das Feuer erstarb. Die Finsternis senkte sich herab. Fern in den Zelten erhob sich eine Stimme mit einer alten, kummervollen Weise.

»Und ich hatte immer gedacht, Ihr gehörtet zu denen, die die Wüste lieben«, sagte die Seherin schliesslich, worauf der Scheich erst nach langem Schweigen antwortete: »Ich leugne nicht, dass in ihr das Geheimnis der Vergänglichkeit liegt. Aber wie kann ich sie lieben, solange ich in ihr nicht sehe, was die Wanderer sehen? Wie kann ich sie lieben, solange ich in ihr nicht die Erlösung aus der Gefangenschaft des Körpers sehe?«

Er spielte mit dem verglimmenden Feuer. Die Glut flakkerte nochmals auf. Er rückte den Teebecher gerade.

»Die Wüste, die Wüste«, stiess er hervor, »sie ist wie das Leben. Eine Illusion. Eine Fata Morgana, die Wasser verspricht, aber doch nur zum Tod führt. Der Wanderer allein kennt das Geheimnis. Die Wanderer sind die wahren Helden, weil sie die einzigen sind, die das Geheimnis erfahren und beschlossen haben, der Fata Morgana bis zum Ende zu folgen und ihren Arglisten ein Ende zu setzen. Sie haben das Leben verachtet und die weite, kahle Wüste zu einer Brücke gemacht, über die sie nach Wâw gelangen, zum Tod. Sie haben deine Wohltaten abgelehnt. Sie haben den Trost der

Sterblichen abgelehnt und das Schicksal in seinem eigenen Reich aufgesucht, um die Wahrheit selbst zu erfahren. Sind nicht die Wanderer die wahren Helden?«

Die Seherin erwiderte nichts. Der Gesang in den fernen Zelten war voller Heimweh und Schmerz.

2

Niemand konnte sich erklären, wie Têmet die Gefangenschaft ertrug. Doch seit jenem Tag sah sie niemand mehr ausserhalb des Zeltes. Der Ordensscheich, erzählte man, habe ihr sogar verboten, zur Verrichtung ihres Bedürfnisses hinauszugehen, und einige Knechte beauftragt, ihr behilflich zu sein. Sie brachten ihr Nahrungsmittel und Wasser und reinigten das Zelt von Unrat, wie Mütter es mit Säuglingen machen. Wenn nun die Zeit trist ist und einem Menschen finster ins Antlitz blickt, meidet ihn die Mehrheit, und er findet Sympathie und Solidarität bei Personen, von denen er es nicht erwartet hat. So erging es auch der Seherin. Die Freundinnen mieden sie. Die Nachbarinnen weigerten sich, sie zu besuchen, aber sie erhielt Geschenke von Frauen, von denen sie zuvor nur Hochmut und Verachtung erfahren hatte. So musste sie feststellen, dass auch eine Seherin die menschliche Natur nicht kennt und auch über die Seelen nur wenig weiss. So lernte die weise Têmet (die auf dem Barsach wohnte und nichts sah als das Unsichtbare), der tristen und wechselhaften Zeit dankbar zu sein. Denn nichts in der Wüste und im Leben hilft einem Geschöpf so sehr, sich selbst und den wahren Kern seines Nachbarn kennenzulernen, als diese göttliche Wohltat, die man gemeinhin die trügerische Zeit nennt. Und sie konnte nie vergessen, dass ihr alter Widersacher sie aufsuchte, der Derwisch Mûssa, und ihr fettgetränktes Fladenbrot mitbrachte. Er setzte sich an den Eingang des Zeltes, und sie sah den langen Speichelfaden an seinem Mund, der in der Morgensonne glänzte. Sie hörte ihn in seiner verschlüsselten Art sagen: »Ich bin gekommen, um der Seherin etwas zu Gehör zu bringen, das sie wohl schon ihre Meister in Kano und in Timbuktu gelehrt haben.«

Er wischte sich mit dem Ärmel den Speichel ab und starrte sie mit seinem schielenden Auge an, bevor er fortfuhr: »Es handelt sich um eine Weisheit, die der Wüste dank meiner Vorfahren, der Wölfe, bekanntgeworden ist. Denn nur sie füllen die kahle Weite mit Gelächter und Freude, wenn Unheil sie trifft und sie Hunger leiden. Man sagt, dass ihr lautes, röhrendes Gelächter so lange anhält wie der Hunger. Aber glaube nicht, dass sie sich über das Schicksal lustig machen, wenn sie sich vor Lachen kringeln. Sie lachen, weil in der Wüste einzig sie seine Weisheit erfasst und verstanden haben, dass es dem Menschen Hunger nur auferlegt, um ihn ein wenig abzulenken und selbst die Vorbereitungen für die grosse Überraschung treffen zu können.«

Er richtete sich auf und füllte seine Hand mit Sand, den er zwischen den Fingern hindurchrieseln liess wie ein Kind. Er erzählte weiter von den Überraschungen des Schicksals.

»Kennst du diese Überraschung? Natürlich kennst du sie. Es ist das Festmahl. Das Schicksal zwingt die Wölfe nur dann zu hungern, wenn es beabsichtigt, ein grosses Festmahl auszurichten. Das Schicksal auferlegt niemandem einen Nachteil, wenn es ihm nicht einen Vorteil verschaffen will. Verstehst du?« Er erwartete keine Antwort. Er füllte auch seine andere Hand mit Sand und liess ihn zwischen den Fingern hindurchrieseln.

»Du weisst«, fuhr er fort, »dass das Schicksal auch gern einmal die Dinge umdreht. Das Glück, oder das Schicksal, wollte, dass unsere Vorfahren, die Wölfe, die ersten waren, die das Geheimnis dieser Umkehrung verstanden. Und so verwöhnte es sie mit Luxus, bis sie satt und schlaff waren. Das Resultat der Schlaffheit war die Faulheit, die Vergnügungssucht und die Sorglosigkeit. Und du weisst sehr wohl, was Sorglosigkeit in der Sprache der Derwische bedeutet.«

Er schwieg. Beugte sich nach vorn, bis er fast die Erde küsste. In dieser Haltung verharrte er.

»Die Sünde steckt immer in der Sorglosigkeit. Die Sorglosigkeit ist die Tochter der Schlaffheit. Und die Schlaffheit ist der Sohn des Luxus. Erwartest du da etwas anderes als Strafe? Können die armen Wölfe etwas anderes als Hunger und Verderben ernten? Sie haben zu weinen gelernt und füllen seit jenem Tag die Wüste mit ihrem Geheul. Sie sind mit dem geheimnisvollen Spiel des Schicksals vertraut geworden und haben erfahren, dass es sie strafen will, wenn es lächelt und Luxus über die Erde giesst, dass es sie aber belohnt, wenn es finster blickt und den Hunger bringt. Es will Gutes, wenn es Schlechtes schafft, und es will Schlechtes, wenn es Gutes schafft. Und so sollte die Seherin lernen, die Zeichen des Schicksals umgekehrt zu lesen.«

Damals soll die Seherin aufgesprungen sein und dem Derwisch die Füsse geküsst haben. So erzählten es die Diener herum, und diese Version machte dann lange im Lager die Runde. Doch keiner der Edlen glaubte es, und zwar allein deswegen, weil die einzigen Zeugen dieses Kusses der Umkehr Negerdiener gewesen waren. Diese berichteten auch, die Seherin Têmet habe sich die Tränen abgewischt und dabei einen einzigen Satz gesagt: »Ich habe dich für meinen Feind gehalten, verzeih mir!«

»Ich bin niemandes Feind«, habe der Derwisch in der Derwischsprache erwidert, »es sei denn, er wäre sein eigener Feind.«

Die Seherin nahm in ihrer Erregung diesen Hinweis offenbar nicht wahr und erwiderte deshalb mit einem Satz, der der Sprache der Sternenkunde entstammte: »Wie unwissend ist doch ein Mensch, der seinen Feind für einen Freund und seinen Freund für einen Feind hält.«

Die Alleswisser berichteten, der Derwisch habe ihr zugeredet, an ihren ersten Lehrer in Kano jenen gewaltigen Schrei zu schicken, den sie den Mythen entnommen hatte und der den Untergang des Ordensscheichs einleiten und seiner Herrschaft über die Wüste ein Ende setzen sollte.

3

Als die Eifersucht am Herzen der Nebenfrau nagte und sie es nicht mehr ertrug, dass Tânis Herrin über Gemach und Herz des Prinzen war, bediente sie sich einer Arglist. Die Gelegenheit kam, als Tânis einmal abwesend war. Sie beschloss, ihren Rachezug bei Tânis' verwöhntem Bruder Atlantis zu beginnen. Sie legte Tânis' Kleider an und verlangte von dem Prinzen, er solle sie von Atlantis befreien und seinen Mannen befehlen, ihn umzubringen. Der Prinz war, ebenso wie der ganze Hofstaat, überrascht, dass sich die Schwester so sehr von ihrem geliebten Bruder entfremdet hatte, dass sie ihn zu ermorden bat, und das, nachdem sie sich eines Tages aus ihrem eigenen Bein ein Stück Fleisch geschnitten hatte – ein Opfer für ihn, damit ihn die elenden, hungrigen Weiber nicht zerfleischten. Aber die böse Nebenfrau in Tânis' Kleidern behauptete, sie sei der Launen des verwöhnten Bruders überdrüssig und werde sich nicht von ihrem Beschluss abbringen lassen, ihn loszuwerden. Da machten sich die Männer bereit, den Befehl in die Tat umzusetzen, doch Atlantis bat, man möge ihm einen letzten Wunsch gewähren, was geschah. Er stieg auf den Hügel und schrie in die kahle Weite: »Tânis, o Tânis! Hier ist dein geliebter Bruder, er wird zur Schlachtbank geführt.« Die Leute hörten eine Antwort auf den Ruf. Tânis rief aus ihrer Gefangenschaft im fernen Wadi: »Atlantis, o Atlantis. Was kann Tânis zur Rettung ihres geliebten Atlantis tun, wo doch das Haar ihres Hauptes an den Stamm einer Akazie gebunden ist und ihr Körper unter einem Felsen liegt?« Da eilte der Prinz mit seinen Mannen, rettete Tânis und übergab ihr die böse Nebenfrau, mit ihr nach Belieben zu verfahren. Sie liess zwei Kamele kommen, jedes geführt von einem Wahnsinnigen. Sie band ein Bein der Missetäterin an einem, das andere am anderen Kamel fest. Und als die beiden Verrückten ihr jeweiliges Kamel wegtrieben, zerriss die Nebenfrau in zwei Teile. Dann zerstückelte Tânis ihren Körper, legte das Fleisch in einen Kessel und schickte diesen als Geschenk an die Mutter der bösen Nebenfrau.*

Diesen gewaltigen Schmerzensschrei, den der verzweifelte Atlantis ausstiess und der ihn vor dem Tod rettete, liess die Seherin ihrem Lehrer in Kano übermitteln. Sie soll ihn

* Ausschnitt aus dem Tuaregmythos »Tânis und Atlantis«

in Tifinâgh auf ein Stück Gazellenleder geschrieben und dieses den Männern einer Karawane mitgegeben haben, die nach Kano unterwegs war.

Einige Monate später erhielt sie die Antwort.

Der schlaue Seher hatte aber keine Antwort geschickt, die in Tifinâgh auf ein Stück Schlangenhaut geschrieben war, auch keine mündliche Botschaft in Haussa. Und er hatte zu keinem jener Symbole Zuflucht genommen, für die die Zauberer jenes geheimnisvollen Landes berühmt sind, wo das Zeichen als alltägliche Sprache im Umgang der Menschen miteinander verwendet wird. Der gewaltige Magierseher hatte seiner Schülerin ein kleines Ebenholzkästchen zukommen lassen, verziert mit Intarsien und Figuren und verpackt in einem zerschlissenen Stück Stoff. Als Têmet das Kästchen öffnete, glänzte darin der geheimnisvolle Staub, die verlockenden Krümel, das geheimnisumwobene Metall, der Traum, den die Menschen über den ganzen Wüstenplaneten verfolgen. Lernen sie doch, kaum aus dem Leib ihrer Mütter geboren, die Fertigkeit, ihm nachzujagen. Um seinetwillen töten sie, vernichten einander, opfern die kostbarste Gabe, die Glut, die erste Fackel, das Leben, um seiner habhaft zu werden. Sie fliehen Gott, um sich vor diesem Staub niederzuwerfen. Sie vergessen die Zeichen des Lebens – das Wasser, die Luft, die Wüste – und verhökern sie für eine einzige Handvoll davon, sie verhökern selbst Gott für diesen geheimnisvollen Staub. Diesen Staub, kokett wie die Fata Morgana, blinkend wie die Fata Morgana, verräterisch wie die Fata Morgana. Dieser Staub, der die Reise des Lebens aus einem Paradies des Genusses und der Klarheit in eine Hölle verwandelt, in einen Wettlauf, in ein

Elend. So ist der Goldstaub! Das Ziel der Männer und die Hoffnung der Frauen! So ist der Teufel der Wüste, der Städte errichtet und Wunder schafft, wo er ist. So ist der Teufel der Wüste, der die Städte bedroht und die Erde veröden lässt, wo er nicht ist. Welches Geheimnis liegt bloss in dir, du gelber Staub, jenseits des lockenden Zwinkerns? Welches Geheimnis befähigt den vom Staub genommenen Staub, den Menschen sich selbst wegzunehmen, seinen Verstand wegzuwischen, seinen Herrn zu vergessen und ihm gehorsam ins Verderben zu folgen? Welches Geheimnis liegt in dem gelben Staub, der die Heiligen blind macht und die Herrscher auf die Knie zwingt? Welches Geheimnis liegt im Goldstaub? Welches Geheimnis liegt im Teufel? Oder bist du, Goldstaub, stärker als der Teufel?

4

In jener Nacht schlief die Seherin nicht. Sie sprach zu den Sternzeichen und las die ganze Nacht im Buch der Gestirne. Als das erste jungfräuliche Morgenlicht den Horizont durchbrach und den Leib des Himmels vom Leib der Wüste trennte, lächelte Têmet rätselhaft. Dann legte sie ihre Arme unter den Kopf und schlief ein, ohne das rätselhafte Lächeln von ihren Lippen verschwinden zu lassen.

Schliesslich hatte sie das Symbol der Botschaft erkannt, und wenige Tage später begann sie den Ratschlag in die Tat umzusetzen. Sie wickelte das Kästchen wieder in das zerschlissene Tuch und liess es dem Ordensscheich bringen.

Dieser soll vor lauter Seligkeit das Kästchen bei jeder seiner Unternehmungen bei sich getragen haben. Und nie wurde bekannt, wie ihm entgehen konnte, dass sich eine

Schnur, die eine gefangene Wüstenseherin ihrem Kerkermeister schickt, über Nacht in eine Schlange verwandeln muss, die sich ihm um den Hals schlingt.

Einige Monate später zog der Scheich des Ordens zu einer kriegerischen Unternehmung hinaus, und in Timenôkalen verwandelte sich die Schnur in eine Schlange: Die Armeen des Unbekannten vernichteten sein Heer, schnitten ihm den Kopf ab und holten sich das geheimnisvolle, mit den Abbildungen der Dschinnen verzierte Kästchen zurück.

5

Doch das Dschinnenkästchen war nicht allein für den Ordensscheich ein Fallstrick. Auch Têmet, die den Wink ihres alten Lehrers entschlüsselte, trat bald darauf in dieselbe Falle. Der schlaue Seher von Kano hatte sich auf ihre Fähigkeit verlassen, die magischen Symbole zu lesen, aber er hatte vergessen, dem Kästchen einen weiteren Hinweis mitzugeben, der sie vor dem Gold warnte und ihr seine Bedeutung im Sprachschatz der Priester des Dschungels übersetzte. Der Lehrer hatte vergessen, dass seine Schülerin, die durch die Wüste zog, Karawanen begleitete und mit Händlern Umgang pflegte, von den Gesetzen des Handels geprägt war, ihr die alten Lehren abhanden gekommen waren und sie die Gefahr vergessen hatte, vor der das Buch der Magie eindringlich warnte. Têmet erfuhr die Wirkung des Goldstaubs. Der Sieg verwirrte sie, und sie beschloss, sich des geheimnisvollen Pulvers als Waffe gegen ihre zahlreichen Feinde zu bedienen. Doch der teuflische Staub kroch, von ihr unbemerkt, in ihr Herz. Sie gewahrte nicht seine Begabung für Verstellung und Verrat, und so gewann er

Macht über sie, nicht sie über ihn. Er benutzte sie, nicht sie ihn. Sie begann Schätze von da und von dort zu horten, und so kehrte auch die alte Animosität zwischen ihr und dem Derwisch zurück und wurde heftiger als je zuvor.

Têmet wusste nicht, wann sie den Boden unter den Füssen verlor. Die weise Seherin wusste nicht, dass sie ihre Weisheit und ihr Metier verraten hatte. Sie wusste nicht, dass ihr Blick mit Blindheit geschlagen wurde. Sie wusste nicht, dass das Unsichtbare sich vor ihr verschloss. Sie wusste nicht einmal, dass ihre Magie sich gegen sie selbst richtete. Und so stak eines Nachts der Dolch des Imams in ihrer Kehle.

Bern/Genf, 10.–16. Juni 1991

Das Gespenst

1

Zum erstenmal erschien es dem Stammesführer in körperlicher Gestalt, als dieser einen gottesfürchtigen Mann ansprach, der für seine Tugend bekannt war und von dem es hiess, er stamme vom Geschlecht des Propheten ab. Auf dem Weg nach Mekka kam er im Lager vorbei. Da ging Âdda hinaus, um ihn ein Stück zu begleiten und ihm die Einsamkeit der Wüste zu erleichtern, und erfüllte so eine alte, von den Ahnen ererbte Pflicht. Über dem Haupt des ehrwürdigen Mannes tauchte es auf wie der Hof des Mondes und liess jedem Satz, den der Gast gesprochen hatte, die strenge Mahnung folgen, diesem keinen Glauben zu schenken. Beim ersten Mal war der Stammesführer sicher, einer Illusion aufgesessen zu sein. Beim zweiten Mal machte er seine Müdigkeit dafür verantwortlich. Beim dritten Mal war er überzeugt, es handle sich um einen Dschinn. Rasch sprach er insgeheim ein Gottseibeiuns und rezitierte den Thronvers. Er verabschiedete sich von dem Gast und kehrte ins Lager zurück. Die Finsternis legte sich über die Wüste. Nachdem er ein kurzes Stück gegangen war, bemerkte er plötzlich, wie jemand neben ihm ging, rätselhaft und boshaft lächelnd. Er trug einen schwarzen Turban und hielt die Hände auf dem Rücken verschränkt, als wollte er ihn nachahmen und ihn bewusst provozieren. Âdda löste seine Hände und beschleunigte seinen Schritt. Da löste auch die Gestalt ihre Hände vom Rücken und eilte neben ihm her

Ein weiteres Mal sprach er ein Gottseibeiuns, blieb stehen und drehte sich zu dem Begleiter hin, Zorn und Drohung in den Augen. Aber dieser wich nicht zurück. Rätselhaft lächelnd blieb er ihm gegenüber stehen. Da fragte der Stammesführer in verhaltenem Zorn: »Wer bist du?«

Keine Antwort. Nur das Lächeln in den Augen wurde noch rätselhafter.

»Bist du Mensch oder Dschinn?« rief der Stammesführer.

Da liess sein Gegenüber dieses seltsame Hahaha hören, an das Âdda sich noch lange erinnern sollte.

Das war alles. Nur dieses gepresste Kichern, nichts sonst. Der Mann lachte, bis ihn die abendliche Dunkelheit verschluckte. Aber der Stammesführer vergass nie diese strenge Mahnung, den Äusserungen des edlen Mannes keinen Glauben zu schenken.

2

Jahre vergingen, ohne dass es erschien. Der Stammesführer vergass den Vorfall ebenso wie seine Begegnung mit dem gottesfürchtigen Mann. Doch die Wüste kennt keinen Zufall und vergisst auch keine Kleinigkeiten. Sie webt das Leben aus den Fäden eines geheimnisvollen Plans.

Einmal dann kam der Stammesführer hinunter nach Mursuk, wo die Bewohner amüsiert über einen Skandal tratschten. Einer der Notabeln, so hiess es, wurde von seiner Tochter beschuldigt, ihr beigewohnt zu haben. Doch befand man ihn für unschuldig, und der Richter verurteilte statt dessen die Tochter wegen Verleumdung zum Tod durch Steinigung.

Bis zum Abend streifte Âdda über den Markt. Dann ging er einen alten Freund besuchen, mit dem er Jahre zuvor Karawanenreisen nach Agades und Timbuktu unternommen hatte. Er fand ihn an einer Hauswand hockend, den abendlichen Tee kochend und gegen die Fliegenschwärme kämpfend. Der Freund umarmte ihn lange und hiess ihn willkommen. Dann kam auch er auf die Skandalgeschichte zu sprechen und verjagte dabei mit einem Fächer aus Palmblättern die Fliegen. »Das Mädchen ist zum Richter gegangen und hat sich über Ungehöriges beklagt«, sagte er, schlug eine grosse Fliege mit der Hand und fächelte die Glut mit seinem Fächer. »Und weisst du, was das Mädchen dem Richter an jenem unheilvollen Abend gesagt hat?«

Der Stammesführer war damit beschäftigt, dem Gespenst zu folgen, das im Unterholz umherspazierte und eine Arglist ersann, um das Feuer in den Palmen zu entfachen. Seine Augen zeigten keine Neugier, was seinen Gastgeber enttäuschte, ihn jedoch nicht hinderte fortzufahren: »Sie erzählte dem Richter, ihr Vater habe ihr weniger als einen Monat nach ihrer Eheschliessung Gewalt angetan.«

Der Stammesführer starrte ihn ungläubig an, und der Händler ging ins Detail: »Als der Richter sie der Lüge zieh, schwor sie bei den Göttern und den Engeln und den Büchern des Himmels, die Wahrheit zu sagen. Und als er mit dem Koran kam, wiederholte sie beim Buch Gottes angesichts einer grossen Zahl von Zeugen und Verständigen ihren Schwur. Besonnene Menschen schalteten sich ein und machten ihr klar, dass es für ihren Vater den Tod durch Steinigung bedeuten würde, wenn sie ihren abscheulichen Vorwurf nicht zurückzöge. Und weisst du, was geschah?«

Der Eifer des Händlers entflammte. Er vergass, in den Augen des Gastes nach Neugier zu suchen. Seine Augen blitzten.

»Das arme Mädchen gab nach«, fuhr er fort, »aber der Vater nicht. Sie zog ihre Anschuldigung zurück und erklärte, sie habe das alles nur erfunden. Doch da stand der Vater auf und verfluchte sie in aller Öffentlichkeit. Er sagte sich los von ihr, worauf der Richter entschied, sie sei zur Strafe für ihre Anschuldigung zu steinigen. Der Rat der Verständigen gab für dieses Urteil seinen Segen. Sie glaubten, mit einer solchen Strafe in der Oase die Gottlosigkeit eindämmen und das Hässliche an der Wurzel entfernen zu können.«

Er wischte sich den Schweiss von der Stirn und murmelte mit gesenktem Haupt: »Morgen wird das Urteil vollstreckt, am Vorabend des Freitags.«

3

Gemeinsam gingen sie, um den Strafritualen beizuwohnen. Unterwegs offenbarte der Händler das Geheimnis: »Ich will es dir nicht verhehlen. Das arme Mädchen hat die Wahrheit gesagt.«

Der Stammesführer schaute ihn fragend an.

»Vor einem Jahr kam das Mädchen völlig verstört zu mir«, erklärte der Freund. »Sie sei bereit, mich zu heiraten, sagte sie, wenn ich mit ihr mit einer Karawane aus der Oase flöhe. Der Vorschlag überraschte mich, und ich wollte wissen, wie sie dazu komme, einem Mann die Ehe anzutragen, der fünfundzwanzig Jahre älter sei als sie selbst, sie, eine Jungfrau von grosser Schönheit, mit bestem Ruf und aus dem Geschlecht des Propheten. Da erzählte sie, ihr Vater wolle sie zwingen, einen schon mehrfach verheirateten alten Trunkenbold zu heiraten, der ihm viel Geld für sie geboten habe. Aber ich habe ihr nicht geglaubt. Ich habe sie gebeten, mir zwei Tage Bedenkzeit zu geben. Als sie wiederkam, konnte ich sie mit meiner Erfahrung als Kaufmann dazu bringen, mir die Wahrheit zu sagen. Und weisst du, was sie erzählte?«

Er bückte sich und überprüfte den Sitz seiner Sandalen. Dann zog er seinen Umhang zurecht und antwortete auf seine eigene Frage.

»Sie sagte, die Heirat mit einem Mann wie mir werde Gott nicht erzürnen. Aber dem Irrsinn ihres Vaters nachzugeben sei ein grosses Unrecht, das sie sich nie verzeihen würde. Auch Gott würde es ihr nie verzeihen. Sie wolle fliehen, um der Sünde zu entkommen, und damit auch ihren Vater vor der grössten aller Sünden bewahren. Jawohl. Sie erklärte, sie tue das alles, um ihn vor dem Satan der Lust zu bewahren und vor dem Fluch Gottes zu retten. Aber ich habe ihr Angebot abgelehnt.«

»Und warum?« rief der Stammesführer vorwurfsvoll.

»Ich weiss nicht«, erwiderte der Kaufmann zerknirscht. »Vielleicht habe ich mir nicht vorstellen können, dass es so kommen würde, wie es jetzt gekommen ist. Ich habe mir auch nicht vorstellen können, dass ein ehrbarer Mann wie Scheich Sardûk imstande ist, auch nur in die Nähe einer verbrecherischen Tat zu kommen.«

»Sagtest du Scheich Sardûk?« unterbrach ihn der Stammesführer.

»Kennst du ihn etwa?« erkundigte sich der Kaufmann.

»Stammt er aus dem Geschlecht des Propheten?«

»Ja, aus dem Zweig der Suwaila«, erwiderte der Kaufmann, ohne zu zögern.

Der Stammesführer schwieg lange, bevor er fortfuhr: »Sie hat dich auf die drohende Gefahr aufmerksam gemacht und dich um Hilfe gebeten, und du hast sie zurückgewiesen. Und dann hat der Rat der Verständigen die Steinigung angeordnet.«

»Nicht das ist es, was mich eigentlich schmerzt. Was mich wirklich schmerzt, ist vielmehr, dass ich der einzige bin, der weiss und überzeugt davon ist, dass sie die Wahrheit sagt. Als sie ihren Vater des Verbrechens beschuldigte, hat ihr niemand geglaubt, weder unter den Helfern noch unter der Bevölkerung insgesamt. Der Rat hat sie gezwungen zu widerrufen und dabei ihren Wunsch genutzt, ihrem Vater nicht zu schaden. Danach haben sie das Messer umgekehrt und es ihr in die Brust gestossen, um an ihr ein Exempel zu statuieren. Das Mädchen ist ein anständiges, unschuldiges Geschöpf.«

»Dann hättest du dich einschalten müssen. Warum schaltest du dich nicht ein?«

»Ich fürchte, dafür ist es jetzt zu spät.«

»Du bist mitverantwortlich an einem Unrecht, das einem unschuldigen Geschöpf angetan wird. Ihr habt den grossen Sünder unangetastet gelassen und die Strafe seinem armen Opfer auferlegt. Wo ist da die Gerechtigkeit?«

»Es gibt keine Gerechtigkeit. Ich bin davon überzeugt, dass die Gerechtigkeit von der Erde verschwunden ist. Vielleicht gab es sie überhaupt nie.«

»Du hättest sie retten können. Geh zum Richter, und erzähl ihm die Wahrheit!«

Der Kaufmann schwieg lange, bevor er nochmals sagte: »Ich fürchte, dafür ist es jetzt zu spät. Niemand würde mir glauben. Das Zeugnis eines einzelnen wirft kein Urteil um, das der Rat der Verständigen gefällt hat. Das ist das Gesetz der Oase.«

»Mein Gott noch mal! Das ist das Gesetz der Oase, nicht das Gesetz des Himmels.«

»Das Gesetz der Oase ist stärker als das Gesetz des Himmels«, entgegnete sein Begleiter verzweifelt.

Zweimal wiederholte er diesen Satz. Dann schwieg er, und den Rest des Weges hielt er sich hinter seinem Schweigen bedeckt.

4

Die beiden Männer durchquerten trockene Felder. Sie durchschritten das Unterholz der Palmen. Dann traten sie hinaus auf die kahle Weite. Die Sonne neigte sich, gebrochen, ihrer täglichen Gruft zu, aber sie hatte ihren Hochmut noch nicht eingebüsst. Noch immer sandte sie stolze Feuerstrahlen herab. Westlich der Oase lag eine weite Sandebene, an deren Ende sich Dünen erhoben, die sich bis in die Wüste von Massâk Mallat fortsetzten und fortpflanzten. Auf der Ostseite bemerkte der Stammesführer eine grosse Ansammlung von Frauen, einige Schritte entfernt davon eine Schar Jungen, die einen schwerbeladenen Esel trieben. Auf der gegenüberliegenden Seite, ganz im Westen, stand eine würdige Gruppe von Notabeln, neben ihnen eine Anzahl weiterer Männer. Zwischen der Ansammlung im Westen und derjenigen im Osten drängten sich drohend Gestalten um das elende Opfer.

Ihre Hände waren ihr mit einem groben Palmfaserstrick auf den Rücken gebunden, ihre langen pechschwarzen Haare an zwei Pflöcke geknotet, die von je zwei gigantischen Gestalten festgehalten wurden.

Der Stammesführer näherte sich mit seinem Begleiter dem Ort des Geschehens, bis er das Mädchen erkennen konnte. Sie war attraktiv, gross und kräftig gebaut. Sie trug einen ausgewaschenen Kaftan mit weiten Ärmeln, unter dem sich ihr Gesäss und ihre vorspringenden Brüste abzeichneten. Ihre Nase war stolz, ihre Lippen voll und ihre Augen ... Ihre Augen waren gross und kohlschwarz wie die Augen einer Gazelle. Der Stammesführer nahm darin denselben Ausdruck wahr, den er aus den Augen der Gazellen kannte. Es war ein trauriger, rätselhafter Blick. Ja, in den Augen des Mädchens lagen Traurigkeit, aber auch Rätselhaftigkeit und Ruhe. Er konnte die Traurigkeit verstehen, ebenso die Rätselhaftigkeit. Woher aber nahmen ihre Augen in einem so unerträglichen Augenblick diese Ruhe? Dann erinnerte er sich, dass auch die Augen der Gazellen eine geheimnisvolle Ruhe ausstrahlen, wenn sich das Messer ihrer Kehle nähert. Auch der Blick des Mädchens war jetzt auf das Messer gerichtet.

Die beiden Männer wandten sich nach links, aber sie gesellten sich nicht zu den dort versammelten Notabeln, sondern hielten sich einige Schritte entfernt.

Dann begannen die Rituale. Eine weisse Fahne erhob sich über den Häuptern der Notabeln. Ein dicker Mann schwenkte sie, der auf die Entfernung um die fünfzig Jahre sein mochte. Er war mit einem ausgewaschenen Umhang bekleidet, der für die sommerliche Jahreszeit zu dick schien.

»Das ist der Richter, der das Startzeichen gibt«, erklärte der Kaufmann.

Die Jungen stürmten los. Sie griffen sich Steine aus den Taschen, die der Esel auf dem Rücken trug, liefen bis zu einer gewissen Stelle und bewarfen von dort aus das Mädchen. Gleich darauf erhob sich unter der Menge ein Gejubel. Alle schrien und rannten umher, als wollten sie heimkehrende Kämpfer willkommen heissen. Sie stürmten an den beiden Männern vorbei, und der Stammesführer sah in vielen Augen den Wahnsinn flackern. Manchen troff der Speichel aus dem Mund. Dann blieben sie stehen und liessen Steine auf das Mädchen hageln. Doch dieses schenkte ihnen keine Beachtung.

Sie stand da, stolz und aufrecht und betrachtete das Reich des Wüstenhorizonts, wo die Fata Morgana ihre rätselhafte, lockende Zunge ausstreckte. Die ewige Zunge, die mit den Wanderern spricht, die dem Mann in der Sprache der Wüste und des Unbekannten sagt: »Komm her, ich will dich zur Erlösung führen! Komm mit mir nach Wâw. Dort wird das Böse verschwinden, und alle Qualen werden ein Ende haben.« In ihren Ohren sang ein anderer Bote seine himmlische Weise. Sie hörte weder das drohende Geschrei des Pöbels noch das Gebrüll der Jungen, noch die Beschimpfungen der Hasserfüllten, die nur danach dürsteten, Schmerzen zuzufügen. Sie vernahm das Lied der Wüstenstille. Der göttliche Gesang hub an, den nur die vernehmen, denen Paradies, Einsamkeit und Erlösung verheissen sind. Eine schmerzvolle, aber göttliche Weise. Vielleicht göttlich, weil sie schmerzvoll ist. Denn niemals ist etwas göttlich, wenn es nicht schmerzvoll ist. Das Heilige ist immer traurig und schmerzvoll. Der heilige Raum ist immer bedrückend. Die Traurigkeit ist das Tor zum Paradies. Schrecklich ist der Weg zur Glückseligkeit und zur ewigen Erlösung.

Der Körper blutete. Die Stille sang die schreckliche, die göttliche, die heilige Weise. Der Pöbel wurde beim Anblick des Blutes immer wilder und irrsinniger. Alle Bestien werden beim Geruch des Blutes wild. Die hechelnde Mordlust wuchs, und der Gesang wurde lauter. Die Melodie wurde tiefer, trauriger, schöner. Wie wundervoll doch die göttlichen Weisen sind. Zu ihrem Klang tanzen die Paradiesjungfrauen mit Körpern aus Licht. Mit Schleiern, auch sie aus Licht gewoben. Die Körper aus Licht erschienen im Licht. Sie spürte, dass sie schon einen grossen Teil des Weges nach Wâw zurückgelegt hatte, und sie lächelte. Das machte die Menge noch wilder und noch entsetzter.

»Schaut nur, wie sie lächelt«, rief nicht nur eine Stimme. »Sie ist ein Teufel. Haben wir nicht gesagt, sie ist der vermaledeite Teufel? Der Teufel. Säubert die Oase, tötet den Teufel!«

Die Steine hagelten auf den stolzen, blutgetränkten Körper nieder. Doch die Gestalt blieb aufrecht, den Blick auf den barmherzigen Wüstenhorizont gerichtet. Den Horizont, der verheissungsvoll, hoffnungsvoll, fatamorganavoll winkte. Und die heilige Stille spielte die kummervollen göttlichen Weisen. Und die Paradiesjungfrauen tanzten, gehüllt in Schleier aus Licht. Sie war, der Erlösung entgegen, schon einen weiten Weg gegangen.

Aber wie vermochte es dieses stolze Geschöpf, von seiner Paradiesreise zurückzukehren, um sich auf eine elende Kreatur wie den Kaufmann zu stürzen?

Die Menge bemerkte, dass sie während des ganzen bestialischen Rituals ihr Lächeln nicht verlor. Auch der Stammesführer beobachtete mit tiefer Verwunderung dieses Lächeln, das sich desto deutlicher auf ihren Lippen abzeichnete, je wilder die Menge bei der Steinigung wurde. Auch ein Ausdruck von Verachtung war dabei. Doch plötzlich bäumte sie sich auf. Das nachsichtige Lächeln war verschwunden, und aus ihren Augen blitzte der Hass. Sie entriss ihren Kopf den hünenhaften Henkern, Strähnen ihres Haars blieben an den Pflöcken hängen. Von ihrem Kopf troff das Blut. Der Pöbel versuchte sie zurückzuhalten, aber sie befreite sich auch aus seinen Klauen, und mit einigen gewaltigen Sprüngen stürzte sie sich auf den elenden Kaufmann, warf ihn zu Boden und würgte ihn mit blutigen Händen. Die Steine hatten das Kleid an ihrem Leib zerfetzt. Ihre wohlgeformten Brüste waren bloss. Jetzt stürzte sich der Pöbel auf sie und zerrte sie vom Hals des Kaufmanns weg, dem der Stammesführer beim Aufstehen half. Als er sein Gewand sah, das vom Blut des Opfers befleckt war, packte ihn das Grauen.

Das Mädchen aber ergab sich wieder der geheimnisvollen Stille. Und begleitet von göttlichem Gesang, reiste es der Erlösung entgegen.

5

Die Hünen traten heran und bedeckten den Körper mit einem hellen Tuch. Es schlürfte das Blut, und dunkle Flekken breiteten sich aus. Die Menge zerstreute sich. Auf dem Weg zurück in die Oase begegnete Âdda Sardûk, den er seit damals, als er vor vielen Jahren nach Mekka unterwegs gewesen war, nicht mehr gesehen hatte. Fast hätte er ihn umarmt, doch plötzlich schreckte er zurück, als ihm einfiel, dass ihm der Kaufmann erzählt hatte, der Vater des Mädchens heisse auch Sardûk. Aber war es denkbar, dass Sardûk, dieser ehrbare Mann, dessen Wurzeln auf den Propheten zurückgingen, wie ein wildes Tier die Ehre seiner Tochter angetastet und sie dann dem Pöbel vorgeworfen hatte, der sie vor seinen Augen steinigte? Sardûk schüttelte ihm die Hand. Er war bleich. Er neigte den Kopf und murmelte ein paar unverständliche Worte, bevor er weiterging.

Der Stammesführer wandte sich seinem Freund, dem Kaufmann, zu. In seinem Blick mischten sich Überraschung und Abscheu. »Kannst du dir vorstellen, dass ich diesen Mann kenne?« fragte er zornig. »Kannst du dir vorstellen, dass er mit dem Propheten verwandt ist, ein ehrbarer Mann, der alljährlich zum Hause Gottes pilgert? Kannst du dir vorstellen, dass ich ihn vor Jahren getroffen habe, als er zum einundzwanzigsten Mal nach Mekka zog? Ich verstehe das nicht. Ich verstehe das wirklich nicht. Als du mir von ihm erzähltest, habe ich gemeint, es handle sich um einen anderen. Ich kann mir einfach nicht vorstellen …« Ratlos hielt er inne. Der Kaufmann zog das Ende des Turbans über sein Gesicht, um ein Lachen zu verbergen.

Plötzlich rannte der Stammesführer hinter dem Mann her und verstellte ihm den Weg. Sardûk blieb stehen. »Ich habe geglaubt, du seist mit dem Propheten verwandt«, stiess Âdda keuchend hervor, »du Unheils-Sardûk!«

»Und gebet einander keine ehrenrührigen Namen«, erwiderte Sardûk mit überraschender Ruhe.

»Verschanz dich nicht hinter Koransprüchen«, entgegnete Âdda. »Ein weiteres Mal wirst du mich nicht täuschen.

Du bist ein falscher Prophetenverwandter. Wie viele falsche Prophetenverwandte es in der Wüste wohl gibt? Wie viele Satane sich in der Wüste wohl in Koransprüche hüllen? Wie viele unsaubere Menschen sich wohl das Kleid der Anständigkeit anlegen?«

»Du tust mir Unrecht«, murmelte Sardûk.

»Ich tue dir Unrecht?« Âdda wurde unwirsch. »Du vergehst dich an deiner Tochter und behauptest, ich tue dir Unrecht.«

»Das ist eine Verleumdung. Sie erhielt ihre Strafe für ihre Verleumdung. Der Fluch Gottes senkte sich auf sie herab, da sie gegen ihren Vater Lügen erfand. Sie ist gar nicht meine Tochter.«

»Halt! Versuch nicht, mich zu täuschen, wie du die Notabeln und alles Volk hier getäuscht hast. Ich besitze den unwiderlegbaren Beweis. Du hast dich an ihr vergriffen, und als die schlauen Notabeln sie gezwungen haben, ihre Anklage zurückzuziehen, indem sie ihr erklärten, welche Strafe dich für deine hässliche Tat erwartete, hast du die Gelegenheit ergriffen und dich wie irgendein Schurke von ihr losgesagt. Du hast sie dem Pöbel vorgeworfen, dafür dass sie deinen Hals gerettet hat. Aber warte. Ich werde dir mit meinem eigenen Schwert den Hals durchtrennen. Ich schwöre dir, ich werde es tun.«

Der Mann wandte sich hilfesuchend an die Passanten: »Ich bitte euch, helft mir! Dieser Mann da droht, mich umzubringen. Ein Mann, den ich nicht kenne, den ich nie in meinem Leben gesehen habe! Er droht, mich umzubringen. Helft mir, gute Leute!« Es entstand ein Auflauf von Schaulustigen, die von der Steinigung zurückkamen.

»Dieser Gottlose hier hat mich getäuscht. Er hat mich in der Wüste besucht, angeblich auf dem Weg nach Mekka. Er hat behauptet, ein ehrbarer Mann zu sein und von der Familie des Propheten abzustammen. Aber … aber er hat sich an seiner Tochter vergangen. Ich habe dafür den unwiderlegbaren Beweis.«

Immer mehr Neugierige strömten zusammen. Die Menge wuchs. Das Volk scharte sich um die beiden.

»Von was für einem Beweis redest du?« rief schliesslich einer aus der Menge. »Wo ist er?«

Der Stammesführer wandte sich nach seinem Freund um. Er suchte den Kaufmann. Forschte unter den Umstehenden nach ihm. Er war verschwunden. Sein Begleiter war weg. Der einzige Zeuge hatte sich aufgelöst. Aber wann hatte er sich zurückgezogen? Wie konnte er einfach verschwinden? Den ganzen Weg war er neben ihm gegangen, hatte die ganze Zeit neben ihm gestanden. Wann war er bloss verschwunden? Wann hatte er seine Unaufmerksamkeit genutzt?

»Wo ist Sirkân?« fragte er verwundert. »Hat jemand von euch Mûssa Sirkân gesehen?«

»Welchen Sirkân?« fragte ein fetter Mann.

»Mûssa Sirkân«, erklärte er, »einer der bekanntesten Kaufleute von Mursuk. Mein Freund Mûssa Sirkân.«

Der Mann lachte, und Sardûk stimmte ein. Auch die Umstehenden begannen zu lachen. Als sich nach einer Weile alle beruhigt hatten, fragte der Mann patzig: »Bist du eigentlich noch bei Trost? Wie kannst du es wagen, die Menschen der Lüge zu bezichtigen und dafür die Toten als Zeugen heranzuziehen?«

Der Stammesführer wischte sich den Schweiss ab. »Die Toten?« murmelte er.

»Ja, die Toten«, bestätigte der fette Mann. »Mûssa Sirkân ist vor drei Jahren gestorben. In Kano traf ihn eine vergiftete Lanze.«

»Aber er sass mit mir in seinem Haus zusammen«, rief Âdda. »Wir haben zusammen Tee getrunken. Er hat mich zur Steinigung begleitet. Das Mädchen hat ihn vor euren Augen attackiert. Habt ihr denn nicht gesehen, wie das arme Mädchen sich auf ihn gestürzt und ihn gewürgt hat?«

Die Umstehenden brachen in schallendes Gelächter aus.

»Der ist übergeschnappt«, riefen mehrere. »Der ist wirklich nicht ganz bei Trost. Gott schütze uns!«

Einige murmelten rasch: »Im Namen Gottes, des Barmherzigen, des Erbarmers!« Der fette Mann beugte sich zu Sardûk und flüsterte ihm etwas ins Ohr, worauf beide lachten und weitergingen. Auch die anderen gingen zurück zur Oase.

Âdda blieb allein mitten in der Weite stehen.

Die Sonne küsste den Horizont und warf sich nieder, um die Gebetsrituale zu vollziehen.

6

Er ging zum Haus seines Freundes Sirkân. Als er hinkam, war die Dunkelheit schon über die ganze Oase gekrochen. Auch über das Haus hatte sie sich schon gelegt. Im Norden, bei der Osmanenfestung, hörte er einen Hund bellen.

Das Lehmhaus schien trist, einsam und verlassen, als ob tatsächlich niemand darin wohnte. Daneben wuchsen junge

Palmen. Von den anderen Häusern war es nicht weniger als dreissig Schritte entfernt. Er umschritt es. Inspizierte die Mauer auf der Ostseite. Die Asche des Vorabends war von einem Sandhaufen zugedeckt. Es war also keine Illusion. Hier hatte er mit seinem alten Freund Tee getrunken. Wie konnte es der Pöbel wagen, seine Verstandeskräfte in Zweifel zu ziehen?

Er schob den Sandhaufen beiseite und befühlte die Asche. Sie war kalt. Aber das war unwichtig. Wichtig war allein, dass sie da war, dass die Spuren des Feuers da waren und ihm das Vertrauen in seinen Verstand zurückgaben. Aber wohin war Sirkân gegangen? War er wirklich vor drei Jahren ermordet worden? Und wenn die Behauptung dieser Schurken stimmte, wie konnte er dann mit ihm zusammengesessen, mit ihm geplaudert und gemeinsam mit ihm dieses schreckliche Spektakel aufgesucht haben? Vor aller Augen hatte ihn das Opfer attackiert, als Strafe für seine Feigheit und dafür, dass er sich geweigert hatte, sie zu heiraten. Sie selbst hatten ihn den Händen des Mädchens entrissen. Wie konnten sie das jetzt leugnen, nachdem er verschwunden war? Oder hatten sie ihn weggeschleppt und ihn umgebracht, weil sie fürchteten, er könnte das Geheimnis aufdecken, und behaupteten nun, er sei vor drei Jahren durch eine vergiftete Lanze ums Leben gekommen? So hatten sie sich des einzigen Zeugen entledigt. Sie alle waren mitverantwortlich an dem Verbrechen. Die ganze Oase war am Mord an diesem armen Mädchen beteiligt. Die ganze Oase war verbrecherisch. Und nun hatte man Sirkân weggeschafft und behauptete, er sei tot, um ihn, Âdda, an seinen Verstandeskräften zweifeln zu lassen.

Ganz in der Nähe, bei den kleinen Palmen, war ein verhaltenes Kichern zu hören, lang anhaltend und gepresst. Das gleiche Kichern, das er vor langer Zeit von jenem verfluchten Gespenst gehört hatte. Er wandte sich dem Ursprung des Geräuschs zu. Plötzlich verstummten die Grillen, und es war ihm, als hörte er im Palmendschungel ein Zischen. Erkennen konnte er niemanden. Die Dunkelheit war dicht und liess nichts erkennen. Nach einigen Augenblicken vernahm er deutlich eine Stimme: »Habe ich dir nicht gesagt, du solltest ihm keinen Glauben schenken?«

Er drehte sich in die Richtung, aus der die Stimme kam, sah aber niemanden. Ein Schauder lief ihm über den Rükken. Er tastete nach dem Griff seines Schwerts.

»Wer bist du?« rief er.

Als Antwort kam nur das Kichern, und er fragte nochmals, diesmal zornig: »Bist du das Gespenst?«

Wieder keine Antwort. Da rief er ein weiteres Mal: »Willst du mich verspotten? Komm heraus, wenn du ein Mann bist.«

Doch nur ein Kichern war in der Finsternis zu hören. Nun drohte der Stammesführer: »Ist das wirklich der Augenblick für Spässe? Warum erscheinst du nicht, wenn du ein Mann bist?«

Nochmals Kichern als Antwort.

»Gut, ich glaube dir ja. Der Mann ist nicht ehrbar und ist auch nicht mit dem Propheten verwandt. Der Mann ist wirklich ein Betrüger, ja sogar ein Verbrecher. Du hast recht. Er ist ein Verbrecher. Was wolltest du damit sagen? Wolltest du damit meine Torheit testen? Gut, ich bin töricht. Ich gebe es zu. Oder … oder bist du …?«

Der Stammesführer schwieg. Er atmete schwer, spielte mit dem Griff seines Schwerts; dann brach ein Wortschwall aus ihm hervor. Doch plötzlich merkte er, dass er in die Finsternis gesprochen hatte, und nun fürchtete und schämte er sich. Als er innehielt, kam aus dem Gehölz wieder die Stimme: »Ich wollte nur, dass du keinem glaubst. Dass du nie jemandem Glauben schenkst.« Dann wieder das Lachen.

»Wie kannst du so etwas wollen?« protestierte der Stammesführer. »Soll ich unter den Menschen leben und niemandem glauben? Glaubst du nicht, dass das ein unerträgliches Verhalten ist? Niemand kann unter den Menschen leben, wenn er sein Vertrauen in sie verloren hat. Das ist eine Weisheit, die ich von den Ahnen gelernt habe.«

»Ja bist du denn imstande, in der Lüge leben?«

»Soll ich mich etwa absondern?«

»Ich will nur, dass du dir etwas Stärkeres als den Verstand, dessen du dich rühmst, zum Richter nimmst. Die Überlegungen des Verstandes können fehlgehen. Aber das Herz ist dir Führer, um Falsches zu entdecken.«

Noch immer mit dem Griff seines Schwerts spielend, wischte er sich mit dem Ärmel seines Gewands den Schweiss ab. Dann ging er einen Schritt auf das Gehölz zu und sprach in die Finsternis: »Ich weiss, dass ich niemals gegen ein Gespenst gewinnen werde. Aber beantworte mir eine Frage: Hast du mich heute zu diesen bestialischen Ritualen begleitet?«

»Ich leugne nicht, dort gewesen zu sein.«

»Hast du dann nicht Sirkân neben mir gesehen?«

»Das geht mich nichts an.«

»Ist Sirkân wirklich tot?«

Lachen als Antwort.

»Antworte mir!«

Schweigen als Antwort. Das Gespenst schwieg. Der Stammesführer setzte sich auf die Erde. Die Grillen im Gehölz fingen wieder an zu zirpen. Er sass da, das Schwert auf die gekreuzten Beine gelegt. Er war müde und erschöpft. Er lehnte sich mit dem Rücken gegen die Wand des verlassenen Hauses und schlummerte ein.

7

Am Morgen beschloss er, den Fakîh aufzusuchen. Er erzählte ihm die ganze Geschichte mit dem Gespenst, von dessen erstem Auftreten bis zu seinem allerjüngsten Spiel.

Nach langem Schweigen erhob sich der Fakîh, versenkte sich in einen Wirbel aus übelriechendem Rauch und murmelte Koranverse dazu, bis er sich erschöpft wieder setzte und erklärte: »Dein Freund ist der Einflüsterer.«

»Der Einflüsterer?«

»... der den Menschen in die Brust flüstert. Es ist der vermaledeite Teufel.«

»Gott verfluche ihn«, murmelte der Stammesführer, »aber ...«

»Du hast ihm lange Gewalt über dich gegeben«, unterbrach ihn der Fakîh. »Ihn jetzt auszutreiben ist schwieriger als je zuvor. Du hast selbst gesehen, wie er dir in der Person deines Freundes Sirkân erschienen ist.«

»Aber ist Sirkân wirklich tot?« fragte Âdda.

Der Fakîh starrte ihn überrascht an. Dann schüttelte er tadelnd den Kopf. Âdda blickte beschämt zu Boden.

»Wir werden den Kampf morgen abend beginnen«, schlug der Fakîh vor.

»Den Kampf?«

»Hattest du etwa erwartet, die Rettung vor dem Teufel erfolge kampflos?« Als der Stammesführer schwieg, fuhr der Fakîh fort: »Ich will dir nicht verhehlen, dass dich die Sache teuer kommt.«

»Wieviel willst du?«

»Dreizehn Kamelstuten.«

»Dreizehn Kamelstuten?« wiederholte der Stammesführer ungehalten und tastete nach dem Griff seines Schwerts.

»Glaubst du etwa, die Befreiung von dem vermaledeiten Satan sei billig zu haben?« fragte der Fakîh mit der Unerschütterlichkeit der Durchtriebenen, und der Stammesführer war gezwungen, auf das Geschäft einzugehen.

8

Er verliess die Oase mit drei unterschiedlich grossen Amuletten, die er, sorgsam gefaltet und in eine Hülle aus Gazellenleder gesteckt, an einem gezwirbelten Lederband festmachte. Diese prächtige Kette hängte er sich um den Hals und kehrte zum Stamm zurück.

Die Zeit strömte dahin.

Viele Veränderungen begleiteten den ewigen Strom.

Der Südwind wehte und brachte, entschlossen, seine alte Absicht zu verwirklichen und ein gewaltiges Sandmeer zu schaffen, noch mehr Sand in die Mittlere Wüste. Die Donner grollten über den blauen Gipfeln der Berge, und in die Täler der Roten Hammâda ergossen sich die Fluten. Die Wüsten des Südens litten unter der Trockenheit, und aus vielen

Brunnen zog sich das Wasser zurück. Viele Gräber wurden ausgehoben, und Wüstenbewohner unterschiedlichen Alters wurden ihnen anvertraut: Kinder und Männer, Frauen und Greise, Säuglinge und Betagte. Die Vergänglichkeit legte ihren ewigen Beweis vor, wonach sie nicht zwischen Alt und Jung, nicht zwischen Mann und Frau, nicht zwischen dem Säugling und dem Hundertjährigen unterschied.

Die Zeit strömte dahin. Doch auch das Leben gab es. Die Kinder weinten erschreckt, wenn sie aus der Obhut der Mütter unter die Obhut des Lebens hienieden traten, genau wie zuvor diejenigen, die unter die Obhut der Erde und des Todes getreten waren. Ebenso zahlreich wie die Gräber, die ausgehoben, waren die Häuser, die gebaut, und die Zelte, die errichtet wurden. Ja, die Zahl der Neugeborenen überstieg diejenigen der Dahingegangenen, und so schickte das Schicksal der Wüste seinen Boten, die Pest, um das Gleichgewicht wiederherzustellen und die Waage ins Lot zu bringen.

Die Zeit strömte dahin.

Und mit ihr strömten durch die Wüste jene Menschen auf der Suche nach Schätzen, nach Gott, nach Wâw. Es kamen in die Wüste solche, die sich als Eremiten oder als Einsiedler ausgaben, und es kamen falsche Ordensscheiche.

Es kam ein Scheich des Kadirîja-Ordens und versprach, den Stamm von der Ketzerei der Magier zu erretten und ihn auf den Weg der Freiheit und der Erlösung zu führen.

Doch wie sollte der Stammesführer seine Absichten verstehen? Welcher Verstand wäre fähig, das Wahre vom Falschen zu unterscheiden? Welche Kraft wäre imstande, die in der Seele des verschlossenen Menschengeschöpfs verborgene Bosheit zu sehen? Welches Geheimnis könnte sein Geheimnis enthüllen?

Der Stammesführer hatte die Mahnung des Gespensts über das Geheimnis des Herzens längst vergessen, und so wurde er vom Ordensscheich anfänglich ebenso getäuscht wie später vom Sultan Anâj.

9

Nachdem die Wirkung der Amulette sich nach und nach verbraucht hatte, besuchte ihn das Gespenst in seinem zweiten Exil in der Roten Hammâda.

In einer vollmondgekrönten Wüstennacht, in der die Meeresbrise über ihn hinwegzog, weckte es ihn. Das alte, schlaue Kichern weckte ihn, das eigentlich kein Kichern mehr war. Es hatte sich entwickelt und war durch die Einführung eines groben Tons zu einem unschönen Gewieher geworden. Als hätte der Strom der Zeit auch auf die Bewohner des Unsichtbaren eingewirkt und das Gespenst ermüden und altern lassen.

Âdda stützte sich auf die Ellbogen und zog das Gesichtstuch von den Augen. Sprach ein Gottseibeiuns und rezitierte den Thronvers. Doch das hämische Gewieher hörte nicht auf. Er tastete nach den einst sehr teuer bezahlten Amuletten. Doch das Gespenst spottete nur: »Hast du wirklich geglaubt, du könntest mich mit diesem törichten Spiel schrecken? Was bist du nur für ein Kind. Ja, du bist wirklich ein Kind.« Und wieder das wiehernde Gelächter.

Ein langes Lachen. Dann Schweigen, ein langes Schweigen, bevor es sich zeigte. Es erschien in dämonischer Gestalt auf der kahlen Weite, gehüllt in ein prächtiges helles Gewand. Um den ehrfurchtgebietenden Turban war ein Band aus blauem Tadschulmust geschlungen, gekrönt war er von einem furchterregenden Magieramulett. Auf der Brust baumelten andere Amulette. Âdda setzte sich auf und schrie: »Bist du ein Magier?«

Keine Antwort. Die Gestalt setzte sich mit gekreuzten Beinen auf die Erde. Nahm einen Stecken und begann damit den Boden zu durchpflügen, wie es die Edlen des Stammes zu tun pflegten. Der Stammesführer versenkte sich in die Betrachtung der Talismane, die auf der Brust des Magiers hingen. Es waren drei – wie bei ihm. Und plötzlich fiel ihm ein, dass auch auf seinem Kopf ein altes Amulett prangte, das ihm einst ein Seher aus Kano geschenkt hatte. Und mit einem Mal wurde ihm klar, dass er dasselbe Gewand trug, denselben ehrfurchtgebietenden Turban und einen weiten Kaftan.

»Äffst du mich nach?« fragte er unwirsch. »Warum äffst du mich nach?«

Als keine Antwort kam, fuhr er fort: »Folgst du mir wirklich seit zwanzig Jahren? Was willst du? Wer bist du?«

Dröhnendes Gelächter. »Ich?« Und nach einer Pause: »Ich bin du. Jawohl. Ich bin du.«

»Ich bin du?« rief der Stammesführer erstaunt zurück.

»Wenn du wirklich weise wärst, hättest du das schon lange verstanden. Von Anfang an.«

»Was behauptest du da?«

»Aber du bist eben nicht weise. Sie haben dich getäuscht und dir eingeredet, du seist weise und könntest in der Wüste allein mit dem Verstand leben.«

Âdda spürte, wie ihm ein Schauder über den Rücken lief. Ein Schauder, wie er ihn verspürte, wenn er eine Schlange sah oder das Geflüster der Dschinnen in den Höhlen hörte.

»Mich hat niemand getäuscht«, versicherte er mit der Unerschütterlichkeit der Weisen.

»Natürlich haben sie dich getäuscht«, rief das Gespenst. »Die Verständigen haben dich getäuscht, als sie dir den Stamm überantworteten und dich aufforderten, ihn mit Vernunft zu führen. Und nun sieh dir an, was die Vernunft mit dem Stamm gemacht hat. Gestern hattest du die Menschen einem lügnerischen Prediger überlassen, der ihre Sehnsucht nach Erlösung und nach dem Weg der Freiheit ausgenützt hat. Heute hast du sie einem Abenteurer in die Hand gegeben, einem, der davon träumt, mit Säcken voller Gold Wâw zu bauen. Da siehst du, was es gebracht hat, deine arme Sippschaft mit dem Verstand zu leiten.«

»Ich bin kein Gott. Die Götter allein sind imstande, die Bosheit zu erkennen, die in den Köpfen der Menschen kreist.«

»Das ist ein ebenso verzweifelter wie vergeblicher Rechtfertigungsversuch. Du könntest ein Gott sein, wenn du dich von deinem Herzen leiten liessest. Wenn du dem Weg des Herzens folgtest. Die Erwägungen des Verstandes sind fehlerhaft. Das Herz ist dir Führer, um Falsches zu entdekken.«

»Ich glaube, diesen Satz habe ich schon einmal gehört. Und zwar auch von dir, in Mursuk.«

«Was soll's? Du hast ihn gehört, ihn dir aber nicht zu Herzen genommen. Ich habe dich damit vor dem Bösen gewarnt, aber du hast mir kein Gehör geschenkt. Und was ist das Resultat? Der falsche Ordensscheich hat dich verjagt, und der Sultan des Goldes hat dich in deinem eigenen Land erniedrigt. Und jetzt wankst du hier durchs Exil.«

»Der Mensch kommt am Tag seiner Geburt ins Land des Exils. Die Rote Hammâda ist mein schönes Exil, weil sie auch meine Erde ist.«

Wieherndes Gelächter war die Antwort. »Das hast du wunderschön gesagt. Ich werde den Niederträchtigen einflüstern, sie sollen dich das nächste Mal in ein Land verbannen, das weiter weg ist als die Hammâda.«

»Ich kenne kein Land, das weiter weg ist als die Hammâda.«

»Warum nicht? Da gibt es die Städte an den Gestaden des Nordens. Da gibt es das Land der Titanen jenseits des Meeres der Finsternis. Und da gibt es das Land Wakwâk im fernen Unbekannten.«

»Das ist kein Exil, das ist das Ende, der Jüngste Tag.«

Gelächter als Antwort. »Du wirst noch viel weitergehen als bis zum Jüngsten Tag, wenn du dir nicht angewöhnst, auf die Stimme des Herzens zu hören.«

»Versuch nicht, mich in Angst und Schrecken zu versetzen. Ich weiss, dass du ein Gespenst bist. Und ich weiss, dass du mich aufgesucht hast, weil das Amulett des Fakîh im Lauf der Zeit seine Kraft verloren hat. Warum bist du fortgeblieben, solange das Amulett noch frisch und stark war?«

Gelächter als Antwort. »Du machst mich lachen, Scheich Âdda. Du bist wirklich ein Kind, wenn du glaubst, es liege in der Macht dieses elenden Fakîh, mich mit seiner frischen Tinte einzuschüchtern. Dich hat der Fakîh ebenso getäuscht wie zuvor der Ordensscheich und Sultan Anâj. Du wirst auf immer getäuscht werden, solange du deinem Verstand vertraust.«

»Du bist ein Lügner!« Der Stammesführer war wütend. »Du bist ein elendes, feiges Gespenst. Ich werde zum Schwert greifen, wenn du mich weiterhin verspottest.«

Gelächter als Antwort. »Nur zu! Aber wenn du im Umgang mit dem Schwert ebenso geschickt bist wie im Umgang mit den Menschen, solltest du dich lieber für deine Dreistigkeit entschuldigen.«

»Ich werde mich nie und nimmer entschuldigen.«

Nochmals Gelächter als Antwort.

Das Gespenst sprang rasch auf. Sein Schwert blinkte im Mondlicht wie ein Blitzfaden. Auch der Stammesführer zückte sein Schwert und stürzte sich in den Kampf. Die Feuerzungen umfingen sich. Sie zeichneten märchenhafte Blitze in die Luft. Zwei entschlossene Widersacher sprangen gegeneinander. Die Wüste lauschte. Die Dschinnen riefen einander herbei, um dem Spektakel beizuwohnen. Die Geschöpfe des Lichts, von den Bewohnern der Wüste Paradiesjungfrauen genannt, stiessen Jubeltriller aus. Die Gazellenherden schreckten auf. Die Wölfe heulten schmerzvoll. Das Klirren der Schwerter weckte sogar die weisen Eidechsen aus ihrem Winterschlaf. Die Schwerter trafen die Ginstersträucher, Scheitel und Seiten fielen herab. In anderen Bäumen entzündete die gefrässige Waffe Feuer.

Der Kampf dauerte. Die beiden Schwerter umschlangen sich. Kreuzten sich. Sie spien Funken. Entfernten sich, nur um sich wieder aneinanderzuheften. Der verzauberte silberne Planet folgte dem Kampf so neugierig wie die Wüstenbewohner. Er lächelte verschämt, dann legte er wieder seine triste Miene auf. Brandgeruch breitete sich aus. Die Dschinnen murmelten. Die beiden Kämpfer ermüdeten. Sie liessen die Waffen sinken und standen sich keuchend gegenüber. Der Stammesführer sah Magiersymbole am Schwert seines Gegners; sie waren am Griff eingraviert. Er sah sie klar und deutlich im Licht des verzauberten Wüstenplaneten. Und wie ein Kind provozierte er seinen Gegner.

»Du bist ein Magier. Du bist also doch ein Magier?«

Gelächter als Antwort. »Kann dir denn dein kleines Gehirn etwas über die Magier erzählen? Jemand, der seinen Verstand zum Führer macht, sollte besser schweigen und keine Fragen stellen.«

»Ich brauche niemand, der mich darüber belehrt, wann ich schweigen und wann ich den Mund zu einer Frage aufmachen soll.«

Gelächter als Antwort. »Ach, der elende Verstand! Wie elend doch die Verstandesmenschen sind.«

»Wenn du ein Mann bist, probier doch, mit mir ohne Waffen zu kämpfen.«

Nochmals Gelächter als Antwort. »Ich behaupte ja gar nicht, stark zu sein, und bin auch nicht stolz auf meinen Körper. Das Herz genügt. Wer sich auf sein Herz verlässt, wird nie besiegt. Allein im Herzen liegt das Geheimnis der Kraft. Auch diese Herausforderung habe ich angenommen.«

Der Wüstenplanet lächelte rätselhaft. Einige Dschinnen lachten. Die geheimnisvollen Geschöpfe mit ihren Körpern aus Licht tanzten.

Der Kampf begann.

Er währte, bis der Mond verschwand – aus Scham, vielleicht auch aus Ermüdung.

10

Die Sonne stand längst am Himmel, als Âdda erwachte. Vormittag. Sein Gesichtstuch und seine Kleider waren schweissnass. Er war erschöpft. Schmerzzerschlagen. Zunächst unfähig, seine Hände zu bewegen. Er rollte über den kiesbedeckten Boden. Drückte Nase und Wangen in den Staub und wälzte sich auf der Erde. Hatte ihm der Dämon am Vortag die Rippen zerschlagen und danach Hände und Füsse gefesselt? Es musste ein Dämon mit Dschinnenkraft gewesen sein. Ja, er war davon überzeugt, dass es ein Dschinn war. Gestern endlich war ihm klargeworden, wer dieses Gespenst war. Allein im Kampf gegen einen Dschinn konnte er so unterlegen sein. Wer die Dschinnen riecht, wird kraftlos und von Übelkeit und Kopfschmerzen gepeinigt. Wer mit diesen geheimnisvollen Geschöpfen kämpft und mit ihnen in Kontakt kommt, den fesselt die Schwäche. Er rezitierte den Thronvers. Dreimal hintereinander. Danach sprach er ihn rückwärts, eingedenk des Ratschlags eines wandernden Fakîhs, den er vor Jahren in Tansûft getroffen hatte. Doch die Fakîhs der Oasen leugneten die Tauglichkeit dieses Zaubers und behaupteten, es handle sich um eine Neuerung, die der Religion der Magier entstamme. Sollte es sich doch um eine Neuerung handeln, egal ob aus der Religion der Magier, der Christen, der Juden oder selbst des Teufels. Wenn er ihn nur aus dieser Gefangenschaft befreite. Wenn er ihn nur seine Hände und seine Füsse wieder bewegen liess.

Er erinnerte sich daran, was der Gesang aus dem Verstand junger Leute machte. Die Dschinnen bemächtigen sich ihrer, und sie fallen in Trance. Sie stürzen stocksteif zu Boden. Ein totes Stück Fleisch. Einige zucken noch wie geschlachtete Tiere. Andere bleiben liegen wie tot. Nichts rettet sie aus ihrer Gefangenschaft als nur der Dolch. Ihre Gefährten laufen zu ihnen, um ihnen das geheimnisvolle Messer über den starren Leib zu ziehen. Dann kehrt das Leben zurück. Der Dolch tötet die Dschinnen und befreit den Verzückten, der aufsteht, tanzt und sich der wiedergefundenen Bewegung seiner gelähmten Gliedmassen freut.

Nachdem er den Vers rückwärts gesprochen hatte, vermochte er, seine rechte Hand und seinen Hals zu bewegen. Er suchte mit den Augen nach seinem Schwert. Es lag neben einem Ginsterstrauch, von dessen Haupt der wilde Kampf am Vorabend das glatte Haar heruntergerissen hatte. Er kroch hin. Kämpfte sich vor, bis er den Griff zu fassen bekam. Dann hob er das Schwert an seinen Hals, als wollte er sich selbst töten. Er zog es über seinen ganzen Körper, vom Kopf bis zu den Füssen. Atmete tief ein. Das Leben kehrte zurück. Er spürte eine Erschöpfung wie nach einer langen Krankheit. Gleichzeitig empfand er ein rätselhaftes Glücksgefühl, wie es auch langem Siechtum zu folgen pflegt.

Wenig später war er in der Lage, den Kopf zu heben und den Wüstenhorizont zu betrachten, der sich, neugeboren, ausdehnte. »Mein Gott«, brachte er mit kindlicher Freude hervor, »das war ein Dämon wie ein Dschinn. Ist das zu fassen, dass ich mit einem Dschinn gekämpft habe?«

Er beglückwünschte sich laut und deutlich zu seiner Rettung: »Gott sei gepriesen! Dank sei Gott!«

Er betrachtete die Wüste. Der Kampf der vergangenen Nacht hatte die kahle Fläche durchpflügt. An seinem linken Handgelenk hatte er eine Wunde, eine kleine Wunde, bedeckt von trockenem, mit einigen Sandkörnern durchmischtem Blut. Aber er spürte keinen Schmerz und sagte sich: »Die Wunden der Dschinnen verursachen nie einen Schmerz.«

Dann lachte er laut.

11

Eines Tages öffnete er sein Herz einem vorüberziehenden Seher, der, aus Kano zurückkehrend, bei ihm als Gast abgestiegen war. Er erzählte ihm die Geschichte mit dem Gespenst, seine Entwicklung vom ersten Auftreten als Geflüster bis zum feindseligen Dämon, der sein Schwert gegen ihn erhoben und ihn zerschlagen, gelähmt und bewusstlos liegengelassen hatte.

Der ehrfurchtgebietende Seher nahm eine Handvoll Tabak und warf sie sich in den zahnlosen Mund.

»Erinnerst du dich an das Gespräch?« fragte er dann. »Erzähl mir, was er gesagt hat.«

»Er hat sehr vieles gesagt, was ohne Sinn war.«

»Nichts, was gesagt wird, kann ohne Sinn sein«, widersprach der Seher des Dschungels mit Überzeugung. »Alles Gesagte hat einen Sinn. Auch Geschwätz hat einen Sinn. Auch Gemurmel hat einen Sinn. Auch die Stimme des Windes hat einen Sinn. Auch die Stille hat einen Sinn. Ja, selbst das Schweigen. Wie kannst du Führer eines Wüstenstammes sein und kennst nicht die erste Sprache der Wüste?«

»Ich kenne die Sprache der Wüste genau, nicht aber die Sprache der Seher.«

»Ich versichere dir, dass ich bisher keinen Laut in dieser Sprache gesprochen habe. Also, erinnere dich, und vergeude nicht die Zeit!«

Âdda schwieg. Er senkte das Haupt und versuchte lange, sich zu erinnern. Schliesslich sagte er verzweifelt: »Ich kann mich wirklich an nichts erinnern. Nur an eines: Er war stark wie ein Dschinn. Mein Gott, wie stark er war! Ich bin ohnmächtig geworden, kaum dass er mich mit seinen Händen fasste.«

»Willst du mich verspotten?« fragte der Seher aufgebracht. »Ich habe dich gefragt, ob du dich an das Gespräch erinnern kannst. Ich wollte keine Beschreibung eines Dämons, den ich besser kenne als du.«

»Du kennst ihn?«

Der Stammesführer war überrascht, aber der Priester des Dschungels überhörte die Frage. Er spuckte einen tristen Fleck auf die Erde und drängte: »Versuch dich an etwas zu erinnern. Auch nur an einen einzigen Satz, ein Wort ...«

Der Stammesführer dachte nach. Jener Satz fiel ihm ein, von dem er meinte, er sei die Ursache der Meinungsverschiedenheit zwischen ihm und seinem geheimnisvollen Widersacher gewesen. Er schob den Gesichtsschleier von seinem Mund und sagte: »Ich glaube, einmal sagte er, die Erwägungen des Verstandes seien fehlerhaft, und das Herz sei der Führer, um das Falsche aufzudecken.«

»Also, siehst du?« jubelte der majestätische Priester und rief mit der Begeisterung der Neger: »Kann denn ein Geschöpf einen so bedeutsamen Hinweis vergessen? Gibt es in menschlicher Sprache eine klarere Aussage als diesen Satz? Gibt es in der Sprache der Wüste eine göttlichere Botschaft als diese?« Er drehte sich um und spuckte gut hörbar den Tabak aus.

Âdda sah in seinen Augen einen geheimnisvollen Glanz, eine geheimnisvolle Freude. Es war der Glanz, den er aus den Augen der Abenteurer kannte, wenn sie einen Schatz entdeckten. Und war denn nicht die Weisheit der Schatz der Seher? War nicht der göttliche Wink der Traum der Dichter?

»Er hat wirklich vieles in dieser Art gesagt«, fuhr Âdda schüchtern fort.

»In welcher Art?«

»Über den Verstand und das Herz und ...«

»Und was?«

»Ich habe es vergessen, vergessen. Ich kann mich an nichts anderes als seine wahnsinnige Kraft erinnern, die Kraft eines Dschinns.«

Der Seher beobachtete den Abendhorizont. Eine Fata Morgana löste sich in der offenen, kahlen Weite auf. Über den Fetzen des verendenden Trugbilds flog ein einzelner Rabe gen Norden.

»Willst du erfahren, wer dein Widersacher ist?« nahm der Seher mit der Stimme der unbekannten Höhlen den Faden wieder auf.

Der Stammesführer folgte mit dem Blick dem Raben und antwortete nicht.

Der Priester des Dschungels löste die Symbole der Prophezeiung: »Es ist dein Zweiter.«

»Mein Zweiter?« rief Âdda.

»Ja, dein Zweiter heisst in unserer Sprache du.«

»Ich?«

»Wer denn sonst?«

»Das verstehe ich nicht. Diese Sprache verstehe ich nicht.«

»Du selbst. Er ist du selbst. Verstehst du?«

»Ich selbst?« Âdda lachte geringschätzig. »Du machst dich über mich lustig. Wie kann ich selbst mich zwanzig Jahre lang verfolgen, dann mit dem Schwert auf mich losgehen und mir schliesslich die Rippen zerschlagen wie ein Dschinn?«

»Und wer auf Erden wäre eher fähig, dergleichen zu tun, als man selbst?«

Als der Stammesführer laut lachte, erklärte die Höhlenstimme: »Jedes Geschöpf zerfällt in zwei Hälften, solange es sich nicht selbst findet. Und es findet sich selbst nur in der Stille.«

»Und was haben das Selbst und die Stille mit dem Verstand und dem Herzen zu tun, die der Zweite besingt, von dem du da sprichst?«

»Du bringst mich in Verlegenheit. Es befremdet mich nicht, dass du dich schon zum zweitenmal im Exil befindest, wenn du dich einer solchen Kinderlogik bedienst. Wo bleibt der Stammesführer? Wo die Wüste? Habe ich nicht von der Erfahrung des Stammesführers gehört, und hat aus dir nicht die Wüste gesprochen? Ich fürchte, ich werde mich bald auf dich stürzen, wie das dein mutiger Zweiter gemacht hat. Ich habe keine Angst um dich: Ich spüre Sympathie für ihn.«

»Warum?« fragte Âdda in kindlicher Einfalt.

»Weil du töricht bist. Erzähle jetzt nicht, du hättest deinen Stamm zweimal aus Nachgiebigkeit Fremden überlassen oder weil du dich in Weisheit und Ausgewogenheit üben wolltest. Hättest du dich im Leben vom Herzen leiten lassen, wie dir das deine andere Hälfte andeutete, wärst du nicht gezwungen gewesen, einen solchen Preis zu bezahlen. Dich haben die Ahnen getäuscht, als sie dir rieten, ihren Stamm allein mit dem Verstand zu führen.«

»Die Ahnen machen niemals Fehler. Hüte dich!« unterbrach ihn der Stammesführer unwirsch.

Der Priester überhörte die Drohung und machte sich daran, die Macht des Verstandes zu schmähen: »Der Verstand führt nicht zur Erlösung, er ist zerstörerisch – wenn er nicht Erleuchtung bei der Fackel des Herzens sucht.«

»Du redest wie ein Derwisch.«

»Warum auch nicht? Wir sind alle Derwische. Auch du bist einer.«

»Ich?«

»Ja, auch du«, versicherte der Seher mit Überzeugung. »Andernfalls wärst du nicht in zwei Hälften gespalten und zwanzig Jahre lang von deiner anderen Hälfte gejagt worden.« Er lachte.

»Du verspottest mich? Verspottest du mich?«

»Ich habe noch nie gespottet. Der Seher kennt den Spott nicht. Lerne zu lauschen, wenn die Prophezeiung über die Zunge des Sehers kommt. Lausche deinem Herzen, und du wirst die Falschheit erfahren und die Erlösung finden, Derwisch!« Wieder lachte er.

»Du bestehst also darauf, dass ich ein Derwisch bin?«

»Ja, du bist ein Derwisch. Und du wirst sehr elend sein, wenn du nicht lernst, der Prophezeiung zu lauschen und der Stimme des Herzens.«

12

Der Stammesführer blieb lange in seinem Exil in der Roten Hammâda.

Er zog durch die offene, kahle Weite. Stieg auf Hügel, die das Feuer der Sonne und der Vulkane verbrannt hatte. Er besuchte die Blauen Berge und betrachtete die blauen Turbane. Er bestieg sein Kamel und brachte Bälge mit Wasser von den Brunnen der Wadis in die unteren Regionen. Er lag auf dem Rücken und betrachtete den verzauberten, silbernen Wüstenplaneten. Und eines Nachts flüsterte dieser vom Geheimnis des Herzens und dem Geheimnis seiner Freundschaft mit dem Derwisch.

Am Morgen verbrannte ihn die Sehnsucht. Die Sehnsucht, den Stamm wiederzusehen und den Derwisch zu umarmen.

Limassol, 1. August 1991

Der Gott des Steins

1

Sein Äusseres reizte seine Altersgenossen. Sie riefen ihm Zwerg nach und bewarfen ihn mit Steinen. Er las die Steine auf und sammelte sie in sein weites Kleid, um daraus Städte zu bauen. Manche Steine trafen ihn. In seinem Gesicht wuchsen Blutergüsse, und an Armen und Beinen bluteten Wunden. Doch er schenkte ihnen keine Beachtung. Er wischte Blut und Tränen ab und betastete die Blutergüsse. Bückte sich zu den unterschiedlich grossen und verschieden geformten magischen Stücken, mit denen ihn seine elenden Kameraden wegen seiner Kleinwüchsigkeit bewarfen, die von seiner Verwandtschaft mit den Stämmen der Zwerge zeugte, von der er nichts wusste. Er füllte sein Kleid und ging in die sandige Weite hinter dem Lager. Dort kniete er auf die Erde und begann mit den Vorbereitungen des Baus. Zuerst machte er einen Plan und betrachtete die Geräte. Die Stadt musste sich auf einer kahlen Ebene erheben, mitten auf der endlosen Ebene neben dem Hügel oder Berg, der sein majestätisches Haupt gen Himmel hob. Auch bedurfte es für den Bau besonderer Steine. Es gibt den runden Stein, den länglichen, den dreieckigen, den gezahnten, den glänzenden, den in der Sonne verführerisch blinkenden, den finsteren, der aber eine magische Schönheit offenbart, und denjenigen, der ein Geheimnis hegt, als berge er hinter seiner tristen, strengen Maske einen Schatz.

All diese Steine gibt es.

Aber das sind noch nicht alle. Da gibt es andere, die ein Geheimnis in sich tragen, das grösser ist als der Schatz, majestätischer als die Schönheit. Es gibt die geheimnisvollen Steine, in denen Gott verborgen liegt. Wenn die Kameraden einen Stein dieser Art nach ihm warfen, hob er ihn an die Lippen, küsste ihn demütig und weinte bitterlich, bevor er ihn in die Tasche schob. Dann eilte er nachhause, ohne auf sein blutendes Gesicht zu achten, ging ins Zelt, verkroch sich in einer finsteren Ecke und holte den göttlichen Schatz hervor. Er betrachtete ihn lange und wischte sich von Zeit zu Zeit die Tränen ab. Mitunter schluchzte er laut, wenn der Stein offenbarend und rätselhaft war, eine Herberge seiner geheimnisvollen Götter. Solch einen Stein verwendete er nicht zum Bau. Er verwahrte ihn in einem Sack und steckte ihn nur vorübergehend in die Tasche, wenn die Umstände ihn dazu zwangen, wenn ihn seine Mutter zum Beispiel nachts zu den Nachbarn schickte, um eine Handvoll Salz oder den Feuerstein zu holen. Dann tastete er nach dem Stein in der Tasche, und dieser gab ihm ein Gefühl der Sicherheit. Die Dschinnen flohen. Die Finsternis löste sich auf, und der Steingott erleuchtete ihm den Weg in der stockdunklen Wüstennacht. Bevor er die heiligen Steine entdeckt hatte, erlebte er allerhand Schrecknisse von den Bewohnern des Unsichtbaren. Sie umschwebten ihn, kaum dass er hinaus in die finstere nächtliche Weite getreten war. Sie rissen ihre hässlichen Mäuler auf, aus denen schwarzes Blut strömte. Sie schnitten sich selbst die Köpfe ab, um ihn zu verängstigen. Sie gingen auf dem Kopf oder wuchsen so hoch, bis sich ihre Gestalt im Himmel verlor. Ihm sank das Herz in den Bauch, und die Kälte kroch ihm in die Brust.

Ihm wurde schwindlig. Und wie häufig war es ihm passiert, dass er draussen ohnmächtig wurde, bevor er sein Bedürfnis erledigt hatte.

Einmal hatte es den Dämonen gefallen, mit ihm Schabernack zu treiben. Sie hatten ihn von allen Seiten umringt und ihn gekitzelt, und wäre er nicht ohnmächtig geworden, hätte er sich sicher totgelacht.

Aber in den Steinen fand er den Talisman.

Er kam selbst darauf. Kein Fakîh gab ihn ihm, und er bekam ihn auch nicht aus der Hand eines Sehers. Er entdeckte ihn selbst. Der göttliche Stein vertrieb die Dschinnen und senkte Zuversicht in sein Herz.

Anfangs glaubte er, die Verwendung von Steinen dieser Art für den Bau seiner Häuser könnte die geheimnisvollen Götter erzürnen. Sie könnten den Zauber zunichte machen und den Dschinnen wieder den Weg zu ihm freigeben, fürchtete er. Doch irgendwann fasste er den Mut und beschloss, im Wadi ein steinernes Haus zu bauen. Dazu stellte er zunächst in der Mitte einen enormen Pfahl auf wie die Hauptstütze im Zelt, an dessen Fuss er den geheimnisvollen Stein legte. Dann verliess er sein Bauwerk. Als er am nächsten Morgen wiederkam, fand er eine Gazelle neben der Säule kauern. Als sie ihn erblickte, stand sie auf und neigte den Kopf zur Erde. Dann hob sie ihn wieder und warf ihm einen langen, rätselhaften Blick zu. Sie war nicht erschreckt und wich erst nach hinten aus, als er ein paar Schritte auf sie zutrat. Sie rannte ein Stück, blieb dann stehen und schaute zurück. In ihren kohlschwarzen Augen sah Achmûk das Geheimnis, die Sanftmut und die Traurigkeit. Sie verweilte noch ein paar Augenblicke, dann rannte sie los und verschwand hinter der Biegung des Wadis. Als er dieses Erlebnis seiner Mutter erzählte, glaubte sie ihm nicht, und auch seine Kameraden verlachten ihn und bewarfen ihn weiterhin mit Steinen.

Oft stellte er sich die Frage, was ein furchtsames Geschöpf wie eine Gazelle dazu veranlassen könnte, sich in einem Gebäude sicher zu fühlen, das ein Mensch errichtet hatte. Dann wurde ihm klar, dass der Grund dafür im Stein lag. Es war der geheimnisvoll göttliche Stein, der sie angelockt hatte. Ohne ihn würde es ein Geschöpf der Wildbahn wie die Gazelle nicht wagen, sich einer menschlichen Behausung zu nähern, einem Gebäude, das Menschenhand berührt hatte. Versichern doch die alten Frauen, dass der Geruch des Menschen auf die Gazelle dieselbe Wirkung hat wie der Geruch der Dschinnen auf den Menschen. Sie bekommt Schwindelgefühle, Kopfschmerzen, Fieber, und möglicherweise verendet sie. Es musste der Gott in dem Stein gewesen sein, der die Gazelle angelockt und ihr das Gefühl von Sicherheit gegeben hatte. Aber was war das Geheimnis der heiligen Steine? Was zeichnete sie vor anderen Steinen aus? Er wusste es nicht genau. Ganz sicher war es nicht das Blinken oder der Glanz. Auch nicht die Form oder die Zusammensetzung. Eines wusste er: Sie mussten ein grosses Geheimnis bergen. Davon war er tief in seinem Herzen überzeugt. Dessen Schlag beschleunigte sich, und Blut und Ehrfurcht durchströmten ihn. Er atmete schwerer, und sein Körper wurde heiss. Er spürte diese Ehrfurcht. Da wusste er, dass der Stein ein Geheimnis enthielt. Anfangs empfand er Furcht. Dann versank er in tiefem Stillschweigen. Diesem folgten Zuversicht und Ruhe. Aber warum er diese Art von Steinen für göttlich hielt, wusste er nicht. Einmal beobachtete seine Mutter, wie er sich niederbeugte und einen dieser göttlichen Steine küsste. Da fragte sie ihn drohend: »Küsst du etwa die Steine? Betest du etwa Steine an? Wehe, wenn dich der Fakîh sieht! Pass ja auf!« Doch der Fakîh sah ihn nie einen Stein küssen, obwohl er von seiner Leidenschaft für Steine wusste. Beim Unterricht kam es vor, dass er zu ihm trat, sich mit dem weissen Wedel die Fliegen vom Gesicht vertrieb, lächelte und ihn fragte, ob er wieder einen seltsamen Stein gefunden habe. Wenn die anderen Knaben feixten, wies er sie mit finsterer Miene zurecht und drohte ihnen mit dem Finger. Dann beugte er sich über ihn, betrachtete die Zeichen, die er auf seine Tafel geschrieben hatte, und flüsterte: »Was gibt es in der Grossen Wüste schon anderes als Steine, mein Junge? Nur keine Angst! Du wirst in dieser Welt noch die seltsamsten Steine finden. Du wirst sehen!« Dann entfernte sich der würdige Fakîh wieder, und die Strolche machten sich über Achmûk lustig. Sie assen insgeheim Datteln und bewarfen ihn hinter dem Rücken des Fakîh mit den Kernen.

Seine Furcht gegenüber den geheimnisvollen Steinen blieb jedoch bestehen. Es war dieselbe Furcht, die er den Bewohnern des Unsichtbaren gegenüber empfand. Eines Morgens kam er zu seiner Mutter, die butterte, und fragte sie: »Warum fürchte ich mich bloss vor den geheimnisvollen Steinen, Mama?«

»Das Geheimnis«, antwortete sie, ohne zu lächeln und ohne dabei innezuhalten, den Milchbalg nach rechts und nach links zu schwenken. »Die Ursache der Furcht ist das Geheimnis.«

»Aber was ist das Geheimnis, Mama?«

Da verfinsterten sich ihre ruhigen Züge. Ein überraschender Hauch von Strenge überzog ihr Gesicht, und in ihren Augen blinkten Tränen. »Das Geheimnis ist Gott, mein Junge.«

Er betrachtete ihre Bewegung mit dem Butterbalg, während er sich am Feuer wärmte. Auch in seinen Augenwinkeln brannten die Tränen. Und während er ein Stück Holz ins Feuer schob, fragte er weiter: »Wie kommt Gott in die Steine? Wieso wählt er sich diese Steine als Herberge und nicht etwas anderes?«

Die Mutter unterbrach ihre Arbeit nicht. Sie wiegte mit dem Balg nach rechts und nach links, verzückt wie die Derwische des Kadirîja-Ordens. Die Tränen verschwanden aus ihren Augen, aber sie glänzten noch hell.

»Gott kommt in die Steine von überall her. Vom Himmel und von der Erde. Aus dem Südwind und aus den Regentropfen im Winter. Aus den Strahlen der Sonne und aus dem Licht des Mondes in der Mitte des Monats, wenn er zum Vollmond geworden ist. Er wählt diese Steine, weil sie Werkzeuge waren, deren sich die Ahnen in ihrem Leben einst bedienten. Es sind gesegnete Steine, mein Junge. Der Gebrauch des Steins durch die Ahnen genügt, dass Gott ihn sich zur Herberge nimmt und er zu einem Edelstein wird.«

Über seine rechte Wange rollte eine grosse Träne.

»Ich muss dir ein Geheimnis anvertrauen«, murmelte er erschreckt. »Ich habe bei dem geheimnisvollen Stein vor den Dschinnen Schutz gesucht. Er hat die Stämme der Unsichtbaren vertrieben, und nun fürchte ich mich nicht mehr, bei Nacht hinauszugehen, um mein Bedürfnis zu verrichten. Glaubst du, er kann die Dschinnen in Angst und Schrecken versetzen?«

Die Mutter lächelte rätselhaft. »Natürlich glaube ich das«, flüsterte sie. »Ich habe ja gesehen, wie du den Stein in die Tasche gesteckt hast, bevor du hinausgingst. Und ich habe auch gesehen, wie die Dschinnen vor dem gesegneten Stein das Weite suchten.«

Da sagte er mit der Freude des Kindes: »Ich bin froh, dass du das selbst gesehen hast. Ich hatte gemeint, es sei allein mein Geheimnis.«

»Vor einer Mutter gibt es kein Geheimnis«, neckte ihn die Mutter, ohne mit ihrer Bewegung innezuhalten.

2

Er sammelte eine grosse Anzahl der geheimnisvollen Steine. Doch der letzte Stein war anders als alle vorhergehenden. Kurz vor Sonnenuntergang ging er hinaus zu dem Hügel im Norden. Am Hang fand er einen grossen Steinhaufen. Ein unerklärliches Gefühl der Erhabenheit bemächtigte sich seiner, wie immer, wenn er seine rätselhaften Steine fand. Er betrachtete den Haufen, und ein Schauder überlief ihn. Zwischen seinem Körper und seinen Kleidern wuchs eine Dornenschicht. Ein heiliger Schauder füllte seine Brust. Sein Herz lief über von Grösse und Furcht. Die Furcht wuchs. Aber sie vermischte sich mit einem seltsamen Glücksgefühl, als hätten sich alle Dschinnendämonen versammelt, um ihn auf eine Reise ins Unbekannte mitzunehmen. Er konnte sich nicht von dem ehrfurchtgebietenden Stein trennen. Er war rund, glatt und in der Mitte versehen mit geheimnisvollen roten Zeichen. Ein geheimnisvolles Stück aus seltsamem Granit. Die Zeichen bewegten sich und redeten zu ihm in einer unverständlichen, einer rätselhaften, aber gewaltigen Sprache. Der Stein loderte auf und verbrannte ihm die kleinen Finger. Er fiel auf die Knie, liess aber den Stein nicht los, den Schatz, das Geheimnis. Die Dämonen riefen durcheinander und nahmen ihn mit auf eine Reise ins Unbekannte. Die Reise dauerte lange, sehr lange, ein ganzes Leben, viele Leben. Er sah Wunder, von denen seine Sprache zu erzählen unfähig war. Und wenn immer er sich an dieses Wunder erinnerte, kamen ihm die Tränen. Sogar noch nachdem er zum Mann herangewachsen war und sein Gesicht mit dem Tuch umhüllte, begann er zu weinen, wenn er sich an jenen Augenblick der Ewigkeit erinnerte. Ohne Scham weinte er in Gegenwart von Männern ebenso wie in Gegenwart von Frauen.

Am Abend brachten ihn die Dschinnen zurück zu dem Hügel, und er fand sich weinend neben dem Steinhaufen knien, den Stein fest an die Brust gedrückt. Er hielt ihn mit beiden Händen umfasst, als fürchtete er, er könnte ihm entfliehen und ihn allein in der Wüste zurücklassen.

Als er wieder auf seinen Füssen stehen konnte, lief er und lief. Aber nicht ins Lager, nicht zu seiner Mutter, um ihr die freudige Botschaft zu überbringen. Er flüchtete sich in die ewige Weite der Wüste. Und mit lauter Stimme rief er immer wieder: »O Gott, Gott! Ich habe Gott gesehen!« Er rannte hinaus in die grenzenlose, ins Dämmerlicht getauchte Weite. Er kam in ein durstiges Wadi. Dort lehnte er sich an eine dürstende Akazie, hielt sich mit einer Hand an ihrem Stamm fest, mit der anderen drückte er den ehrfurchtgebietenden Stein an die Brust – und begann erneut zu weinen. Er weinte, bis die Nacht sich senkte und der Mond aufging.

Dann kehrte er nachhause zurück.

Aber er konnte nicht schlafen.

Am Morgen suchte er den Fakîh in seiner Behausung auf. Am Eingang blieb er stehen und fragte mit zitternder Stimme: »Könnt Ihr mir eine Frage beantworten, Herr?«

Der erhabene Mann lächelte. Es war jenes rätselhafte Lächeln, das die Sorgen wegwischt und Glückseligkeit schafft. Er nahm ihn bei der Hand und liess ihn neben sich beim Feuer Platz nehmen. Er stocherte mit einem dünnen Schürhaken in der ermüdeten Glut und stellte den Teetopf darauf. Dann legte er ihm seinen Mantel um und sagte: »So, jetzt kannst du deine Frage stellen. Ein eifriger Junge muss seinen Körper vor der Kälte schützen, bevor er eine Frage stellt.«

Doch der kleine Achmûk zitterte noch immer. Er zitterte trotz des warmen Feuers und trotz des dicken Mantels. Die Augen voller Tränen, brachte er hervor: »Kann Gott sich in einem Stein offenbaren, Herr?«

Der Fakîh schwieg lange. Weder stocherte er mit dem Schürhaken im Feuer, noch spielte er mit seinem weissen Bart. Er lächelte auch nicht. Er starrte nur ins Feuer. Schliesslich sagte er: »Ja. Gott kann sich, das musst du wissen, überall offenbaren, sogar in einem Stein.«

Wiederum herrschte Schweigen. Nur das Klagen des Holzes im Feuer verletzte die erhabene Stille.

»Ich habe ihn gesehen, Herr«, stammelte Achmûk schliesslich. »Es war unbeschreiblich. Ein Geheimnis, das grösser ist, als man es beschreiben kann, Herr.«

»Du darfst dein Geheimnis niemandem verraten, mein Junge. Erzähle keinem, was du gesehen hast. Hast du verstanden?«

Er hatte verstanden. In diesem Augenblick liebte er den Fakîh. Liebte ihn wie niemanden sonst. Liebte ihn wie seine Mutter. Vielleicht sogar mehr als diese. Der majestätische Fakîh war in die Wüste gekommen, vertrieben aus den Oasen des Nordens. Diese habe er, so erzählte man, wegen Meinungsverschiedenheiten über das Gesetz und die Koraninterpretation verlassen, die zwischen ihm und den Rechtsgelehrten der Sunna aufgetreten waren und in deren Folge man ihn der Häresie beschuldigt hatte. Da sei er gezwungen gewesen, hinaus in Gottes weite Wüste zu ziehen und sich den dortigen Stämmen anzuschliessen. Er unterwies die Kinder im Koran und in den Grundlagen der Religion. Doch diejenigen, die besser Bescheid wussten, gaben ihm einen anderen Namen. Die Erwachsenen behaupteten, er sei der Scheich des Kadirîja-Ordens. Aber die Schüler verstanden weder, was ein Scheich noch was Kadirîja, noch was Orden bedeutete. Ebensowenig wie sie zuvor verstanden hatten, was diese Häresie bedeutete, die ihn aus den Oasen vertrieben und in die Mittlere Wüste verschlagen hatte. Achmûk hatte bemerkt, dass die Stammesältesten ihn Scheich nannten. Er war aber damals noch nicht imstande, zwischen einem Fakîh und einem Scheich zu unterscheiden. Diese Feinheiten eröffneten sich ihm erst, als er nach Timbuktu zog und dort die Koranschule besuchte, die der Grossen Moschee angeschlossen war.

3

Den ehrfurchtgebietenden Stein bewahrte er auf. Doch Gott erschien nicht mehr.

Immer wieder holte er den Stein aus dem Sack und nahm ihn mit auf die Weiden. In den Nächten, wenn der Vollmond sich der Wüste bemächtigte, sprach er mit ihm. Er drückte ihn an die Brust, und häufig schlief er so. Aber Gott zeigte sich nicht.

Nachdem er wieder einmal eine solche Nacht verbracht hatte, weinend vor Kummer und Sehnsucht, Gott zu schauen, sagte am Morgen seine Mutter zu ihm: »Du musst wissen, dass Gott sich einem Menschen nur ein einziges Mal zeigt.«

Erschreckt starrte er in ihr ruhiges Gesicht, und da erklärte sie ihm, während sie ihren allmorgendlichen Tanz mit dem Milchbalg vorbereitete: »Keinem Geschöpf zeigt er sich zweimal, und er zeigt sich auch nicht jedem Geschöpf.«

Während er sich seine rotgeweinten Augen rieb, fuhr die Mutter fort: »Dich hat er unter Millionen ausgewählt, um dir zu erscheinen. Warum willst du das nicht glauben und annehmen und das Geheimnis bewahren, wie es sich für die Guten ziemt?«

»Aber ich will ihn sehen«, gab er kindlich trotzig zurück, worauf sie mit der Geduld der Weisen entgegnete: »Wer von uns wollte das nicht?«

In ihm entflammte der Eifer, die Sehnsucht nach der Reise ins Unbekannte verbrannte ihm die Brust. Nach jener Reise, die ein ganzes Leben lang dauerte und während deren er das Wunderbare mit eigenen Augen sah. »Ich will ihn sehen«, murmelte er. Dann begann er wieder seine schmerzvolle Klage.

4

Seine Beziehung zu den Steinen festigte sich.

Sein Eifer, den Gott zu entdecken, seine Sehnsucht nach der wunderbaren Reise ins Unbekannte und der rätselhafte Stolz, den er in diesen »Wesen« sah, all das nahm ihn in seinen Bann und liess ihm in der gewaltigen Wüste nur noch einen Blick für die Steine.

Er hatte bemerkt, dass die Anordnung und Verteilung diese geheimnisvollen Stücke auf seltsame Weise beseelten. Sie lebten wie die Menschen und freuten sich wie alle Wüstengeschöpfe. Den ganzen Tag spielte er auf den Weiden mit ihnen, ordnete sie neu, brachte sie zum Sprechen und forschte in ihren Formen und Gestaltungen nach ihrem Geheimnis. Er errichtete Häuser, Mauern und Monumente aus ihnen, um ihnen Glückseligkeit zu verschaffen und sie mit Leben zu erfüllen. Er war überzeugt, dass diese traurigen Brocken, in denen die Söhne der Wüste nichts anderes als stumme Leichen sahen, edle, heitere Wesen waren, von der Sonne verbrannt, von der Zeit aufgegeben. Sie hatten sich auf sich selbst zurückgezogen und die ewige Einsamkeit gewählt. Diese erhabene Einsamkeit sah er ständig, sah dauernd die bedrückende, geheimnisvolle Sprache. Doch was war das für eine Kraft, mit der die Steine sprachen, ohne einer Sprache zu bedürfen, wenn nicht die Kraft Gottes? Was war das für ein Stolz, wenn nicht der Stolz des Himmels? Was war das für eine Erhabenheit, die er dem Geschöpf in die Brust legte, wenn nicht ein Geheimnis, der

Erhabenheit des Schöpfers entnommen? Wer hat behauptet, Gott wohne nur in der Brust der Gläubigen? Alle Verständigen wiederholten unablässig diese Behauptung. Alle Kameraden plapperten sie nach. Aber er war überzeugt, dass Gott viel lieber in den Steinen wohnte. Die Steine der weiten Wüste waren edler und besser, ruhiger, schöner und sicherer als die Brust der Sterblichen. Er war überzeugt, dass der Fakîh ihm da zustimmen würde. Aber er war auch überzeugt, dass der Fakîh ihm zuflüstern würde, er solle das Geheimnis in seiner Brust verschlossen halten und keinem davon erzählen. War ihm doch auch nie so recht klar, wie der gewaltige Schöpfer sich in der Brust der Menschen sicher fühlen sollte, in der es, selbst wenn sie gläubig waren, von Wahn und Wünschen nur so brodelte. War da nicht die friedliche Brust jedes Steins sicherer, ruhiger und wärmer? Und wie er so seine Vergleiche anstellte zwischen der Brust der Menschen und der Brust der Steine und sich überlegte, welche von beiden als Herberge der Götter würdiger wäre, musste er lächeln, ja lachen.

Jahrelang keuchte die Mittlere Wüste unter dem Südwind. Die Dürre breitete sich aus, und magere Zeiten herrschten. Die Stämme gaben die Hoffnung auf Barmherzigkeit auf und zogen nach Timbuktu, um sich dort niederzulassen. Und dort, in der Schule der Grossen Moschee, ging seine Unterweisung in den Prinzipien des islamischen Rechts und den Grundlagen der Religion zwar weiter, aber seine Beziehung zu den Steinen riss mit der Trennung von der Wüste nicht ab. Im Gegenteil, in Timbuktu entwickelte sie sich weiter, und er gesellte sich zu den Baumeistern und Steinmetzen und beteiligte sich am Aufbau und der Gestaltung der Stadt. Sein Talent weckte die Aufmerksamkeit der alten Experten und versetzte sie in Erstaunen. Sie erzählten in ganz Timbuktu von seiner Begabung im Umgang mit den Steinen, bis es sogar dem Sultan zu Ohren kam. Dieser beauftragte ihn mit der Renovierung der alten Palastmauer, danach der Stadtmauer. Er verliess die Koranschule und widmete sein Leben endgültig den Steinen.

Es machte ihn glücklich, mit seinen Händen die Steine zum Sprechen zu bringen. Nach ihrer Auferstehung vom Tod in der kahlen Weite begannen sie ein Leben in Minaretten und Festungen, in Häusern und Moscheen. Sie wurden am Leben der Menschen beteiligt, dienten ihren Werken, waren traurig und bedrückt, wenn sie es waren, und ebenso freudig und glücklich, wenn sie es waren. Sie sprachen ständig mit ihnen und geizten nicht mit Weisheit und Rat, doch ihre Mahnungen verhallten ungehört. Sie erinnerten sie in jedem Augenblick an die Vergänglichkeit und die Vergeblichkeit des Lebens. Sie rieten ihnen, nicht die Wahrheit der Götter für die Illusion des Lebens einzutauschen, doch umsonst.

Achmûk konnte die grosse Ratlosigkeit der Steine sehen, wenn die Menschen ihrem Ruf nicht lauschten und ihre Sprache nicht verstehen wollten.

Seine Steine waren glücklich über die Auferstehung und das Leben, aber sie waren bedrückt, weil sie in der Sprache von Tauben redeten, für die Menschen unverständlich. Und auch Achmûk war bedrückt, weil es ihm nicht gelang, die Menschen die Sprache der Steine verstehen zu lassen.

5

Er schämte sich nicht, ihnen mit der Hingabe von Liebenden zu lauschen.

Er schämte sich auch nicht, mit ihnen in der Sprache Liebender zu reden.

Er schämte sich nicht, die heiligen Steine zu küssen, die ihm die Botschaften der Ahnen überbrachten oder die Offenbarungen Gottes übermittelten.

All das tat er angesichts der Baumeister, doch keiner lachte, und keiner missbilligte sein Tun. In den ersten Jahren hörte er noch Geflüster, er sei in die Steine verliebt, er bete sie an. Doch der Sultan brachte diese Münder zum Schweigen. »Niemand schichtet erfolgreich die Steine auf, der sie nicht verehrt«, erklärte er. Da liessen sie ihn in Ruhe, und das Geflüster erstarb.

Doch was die professionellen Baumeister überhaupt nicht fassen konnten, war etwas ganz anderes als die Verehrung, auch etwas ganz anderes als die Leidenschaft. Die Männer des Metiers hatten bemerkt, dass er bei all seiner Bautätigkeit nie die Hand hob, um einen Stein zu zerschlagen. Selbst den Maurern erlaubte er das nie, von dem Augenblick an, da ihn der Sultan zum Grossbaumeister ernannt hatte. Mit dieser Besonderheit wurde Achmûk in der ganzen Wüste bekannt. Männer mit Erfahrung betrachteten sie als ein göttliches Wunder, denn keiner von ihnen konnte sich vorstellen, ein Bauwerk zu errichten, ohne auch nur einen einzigen Stein zu behauen.

Aber niemandem, nicht einmal dem Sultan, kam es in den Sinn, dass das Geheimnis nicht in einem Wunder, sondern in der Liebe wurzelte.

Mit dem ersten Morgenlicht wachte er auf. Er verrichtete sein Gebet und sprach einige Koranverse. Dann ging er hinaus und begann die Steinhaufen zu inspizieren. Begann das Gespräch der Liebe, versank in ein langes Zwiegespräch, das sich bis zum Aufgang der Sonne hinzog. Manchmal sprach er hörbar, manchmal murmelte er nur. Dann redete er zu den Geliebten in der Sprache des Herzens, der Sprache Gottes und der Sprache der Rätselhaftigkeit. Und die Steine übermittelten ihm die Botschaften der Ahnen. Sie kamen als Symbole und Zeichen, als Hinweise und Andeutungen. Doch es fiel ihm nicht schwer, all das zu entschlüsseln, denn die Liebe hatte ihn die Sprache des Steins gelehrt, lange bevor er die Sprache der Menschen gelernt hatte. Und noch immer schien es ihm leichter, den Stein zu verstehen und mit ihm zusammenzuwirken, als die Menschen zu begreifen oder mit ihnen zusammenzuarbeiten.

Mitunter nahm er von den Steinen gewaltige Geheimnisse entgegen. Die Geheimnisse der Götter. Dann begann er ein trauriges Zwiegespräch, das manchmal in Tränen, manchmal in finsterem Schweigen endete.

Jeden Tag, bevor er sich an die Arbeit machte, empfing Achmûk die Botschaften der Ahnen und die Offenbarungen des Himmels.

6

Sultan Anâj beauftragte ihn, die Stadt Wâw zu bauen, doch konnten sie sich nicht auf das Baumaterial einigen. Der Sultan wünschte, dass der Bau aus rotem Lehm gefertigt werde, während Achmûk nur mit Steinen umzugehen wusste. Trotz aller Versuche von Ratgebern und Sehern, von

Verständigen und Erfahrenen, ihn von den Qualitäten des Lehms zu überzeugen, der fest und beständig sei angesichts der Zeit und der Kräfte der Wüstenentblössung, lehnte er ab, weigerte sich und verteidigte die Eignung der Steine. Als sie die Lehmbauten in den Oasen als Beispiel heranzogen für die fabelhafte Fähigkeit, der Zeit zu trotzen und dem Südwind standzuhalten, schlug er vor, sich zurückzuziehen. Sie sollten einen anderen suchen, der im Umgang mit Lehm besser Bescheid wisse als er. Da schaltete sich der Sultan ein und versuchte höchstpersönlich, Achmûk umzustimmen.

»Ich will mir keine Kenntnisse über etwas anmassen, auf das ich mich nicht verstehe«, begann er das Gespräch, »doch über etwas weiss ich ganz genau Bescheid: die Stärke des Lehms. Denn besässe der Lehm nicht diese Heiligkeit und diese Stärke, hätte Gott sicher nicht alle Kreatur daraus geschaffen.«

»Ich habe nicht die Absicht, die Wahl des Gottes in Zweifel zu ziehen«, entgegnete Achmûk ergeben. »Ich will mir auch keine Kenntnisse anmassen, denn ich habe keine. Euer bescheidener Diener kennt nichts anderes als die Steine. Ich habe in der Baukunst und im Leben nie etwas anderes kennengelernt.«

»Hätte ich die Zeit dazu, würde ich dich bei der Hand nehmen und in die Oasen der Wüste führen, die aus diesem zauberhaften Material erbaut sind. Ich würde dich selbst ihre Fähigkeit erleben lassen, fest auf der Erde zu bleiben und dem Gespenst der Zeit Widerstand zu leisten.«

»Eine kleine Kreatur wie ich kann niemals ein Material kritisieren, das sie aus der Erde gelöst und aus ihr einen stolzen Menschen gemacht hat, der auf zwei Füssen geht. Es ist nur einfach so, dass ich sein Geheimnis nicht kenne, Herr. Gebt mir einen Stein, und Ihr sollt sehen, wie ich Euch das verlorene Wâw vom Himmel herabhole, damit Ihr es wahrhaftig in der Wüste vor Euch seht.«

»Hast du kein Vertrauen in die Zauberer? Kein Vertrauen in die Seher? In mich?«

»Gott bewahre! Könnte die bescheidene Kreatur es wagen, diese hehren Namen zu missachten? Aber was soll ich tun, wenn mein Herz doch im Stein liegt?«

Der Sultan dachte nach. Er zeichnete geheimnisvolle Symbole auf die Erde. Dann bediente er sich der Sprache der Ahnen: »Der Stein verwandelt sich durch den Zahn der Zeit in Lehm, der Lehm aber verwandelt sich auch nur in Lehm.«

Doch Achmûk hatte Zweifel an der Weisheit der Ahnen: »Ich will nicht Euer Argument anfechten, Herr, und behaupten, dass sich Lehm in harten Fels, in Stein verwandelt. Ich würde aber gern etwas anderes sagen, was mich bedrückt: Die Zeit, Herr, verwandelt alles in nichts. Den Stein in Erde und den Lehm in Staub, den der Wind umhertreibt. Wollt Ihr nicht einsehen, Herr, und Eurem kleinen Knecht beipflichten, dass der Stein widerstandsfähiger ist als der Lehm, und zwar aus einem einzigen Grund: dass nämlich der Lehm eine Zwischenstellung zwischen Stein und Staub einnimmt?«

»Ich muss zugeben«, murmelte der Sultan, »dass ich das nicht ganz verstanden habe.«

»Ich wollte damit sagen, dass ein Lehmbau, wenn er einstürzt, sich sofort in Erde und Staub verwandelt, während der Stein noch die Möglichkeit zum Widerstand besitzt, auch wenn ihn die Zeit schliesslich und endlich in Lehm verwandeln wird, bevor sie seinem Leben in der Vergänglichkeit ein Ende setzt.«

Der Sultan lachte leichthin, wodurch sich Achmûk ermuntert sah, nochmals auf den Stein zu setzen: »In der Wüste gab es einen Weisen, der der Zeit trotzte und die Vermächtnisse der Ahnen dem Mund des Windes entriss. Er bewahrte die Texte des Anhi vor dem Verschwinden und rettete so die Gesetze des Lebens. Er besang die Götter im Himmel und eiferte, ihnen entgegenzuwachsen. Er erhob sich wie ein festgefügter Bau, um den Bergen an Höhe gleichzukommen. Da empfanden die Götter Mitgefühl mit ihm und sorgten sich um ihn wegen der Unbill seiner Himmelsreise. Darum stiegen sie von ihrem Thron und trafen ihn auf halbem Wege. Sie wohnten ihm inne und belohnten ihn mit ewigem Leben.«

Der Sultan folgte Achmûks geheimnisvollen Ausführungen mit Interesse. »Du hast meine Erlaubnis, das Material zum Bau zu verwenden, dem du Ewigkeit zuschreibst«, sagte er dann. »Aber die Erlaubnis ist an die Bedingung geknüpft, dass du aufhörst, mit den Steinen Zwiesprache zu führen.«

»Wie könnt Ihr von mir verlangen, Herr«, entgegnete Achmûk traurig, »keine Zwiesprache mehr mit der Heimat Gottes zu führen?«

Doch der Sultan drohte ihm: »Ich will nicht, dass wir am Ende sind, bevor wir angefangen haben. Im Stamm gibt es Menschen, die in den Steinen nichts anderes sehen als Götzenbilder, denen die Teufel innewohnen.«

7

Er schob seine geheimnisvollen Steine in die Fundamente. Machte aus seinen wertvollen Talismanen Stützen für den Bau der heiligen Stadt, übernahm vom Lager die Stützen und verwendete sie als Pfeiler für die gesegnete Architektur. Über den geeignetsten Standort befragte er die Seher, und diese waren sich einig, dass die Ebene neben dem unmöglichen Berg das Herz der Grossen Wüste und das Zentrum der Erde sei. Achmûk hielt im ersten Frühlicht jedes Tages Zwiesprache mit seinen Steinen, und er begann seine kühne Reise, um Wâw von seinen hohen Himmeln herabzuholen und die Erde mit der Heimat der Götter in den ersten Paradiesen zu verbinden. Dabei liess er sich von den Steinen leiten. In ihnen las er die Verheissung des Schicksals und die Zeichen der Frohen Botschaft. Er gewann die Anerkennung der Bewohner von Wâw und weckte die Bewunderung der Söhne des Stammes. Sie konnten es nicht fassen, dass die verlorene himmlische Oase auf der toten Erde wieder zum Leben erweckt wurde, und so gaben sie ihm den Namen »Emestagh«, Täubchen, weil sein schmächtiger Körper sie ebenso verwunderte wie die besondere Art seiner Arbeit. Er arbeitete an der Vollendung der Mauer, als jemand kam, der in den Kopf des Sultans die Idee mit dem Opfer pflanzte.

Das geschah nach den gewaltigen Ereignissen, die über Wâw hereinbrachen. Auf der Ebene wurde herumerzählt, die Fakîhs, die Derwische und die Zauberer der Magier seien sich zum erstenmal in der Geschichte der Wüste einig. Es sei notwendig, hätten sie übereinstimmend gesagt, ein Opfer zu bringen, um den Himmel gnädig zu stimmen und den Fluch abzuwehren, der an Wâw hänge und noch immer über seinem Haupt schwebe wie jenes legendäre Schwert. Unbekannt blieb, wer aus allen Tieren der Wüste den Mufflon als mögliches Opfertier gewählt hatte. Und Achmûk erfuhr auch nicht, wann der Sultan den Befehl erteilt hatte, einen Plan zu entwerfen, und wann die Jäger in die Berge aufgebrochen waren, um den Kopf des heiligen Tieres zu suchen.

Als er einmal frühmorgens aufstand, um seine tägliche Zwiesprache mit den Steinen zu beginnen, sah er den majestätischen Amghâr* am südlichen Eingang von Wâw. Er stand da, mit einem Palmfaserstrick am Tor aus Palmstämmen festgebunden. Sein Spitzbart hing bis auf die Erde hinab, und auf seinem stolzen Kopf ragten die ehrfurchtgebietenden, mehrfach gewundenen Hörner empor. Seine Gestalt, hoch und stattlich, konnte es durchaus mit derjenigen eines Stieres aufnehmen. In seinen Augen sah Achmûk das Geheimnis der Steine des Berges und hörte die Sprache Gottes.

Er näherte sich und fand die Männer des Sultans, die ihre Schlachtmesser wetzten. Einer von ihnen grüsste ihn mit einem Kopfnicken. Ein anderer erklärte ihm, noch bevor er fragen konnte: »Der Sultan hat befohlen, das Opfer noch vor Sonnenaufgang zu schlachten.«

Ohne ein Wort trat Achmûk zu dem majestätischen Tier und sah ein Wunder. Er fiel auf die Erde und begann sich zu winden. Die Männer rannten zu ihm hin. Er zuckte. Seine Augen quollen hervor, sein Mund spuckte Schaum,

* Tamâhakwort mit der Bedeutung: alter Mann, Scheich, Vater, Ahn, Stammesführer

und schmerzvoll flehte er: »Schlachtet das Opfer nicht! Schlachtet das Opfer nicht! Lasst mich erst mit dem Sultan reden.«

Die Männer wechselten Blicke. Zwei aus der Gruppe machten sich daran, ihn in sein Haus zu tragen, wogegen er sich heftig sträubte und immer wieder flehentlich rief: »Schlachtet das Opfer nicht! Lasst mich erst mit dem Sultan reden.«

Aber dieser hatte befohlen, das Opfertier vor Sonnenaufgang zu schlachten. Also wetzten die Männer weiter die Messer und hielten das Geschöpf der Berge fest. Andere kamen und halfen ihnen. Sie beugten sich über das Tier und legten ihm das Messer an den Hals. Achmûk schleppte sich auf Händen und Füssen heran und bettelte wie ein Kind: »Schlachtet das Opfer nicht! Lasst mich erst mit dem Sultan reden.«

Aber da hatte das Messer schon von der Halsschlagader des alten Berggottes geschlürft.

Der Derwisch kam. Er jammerte in der Sprache der Derwische: »Weh euch, ihr Menschen der Erde! Weh euch, ihr Geschöpfe des Bösen! Weh dem Menschen, dessen Gefrässigkeit keine Grenzen kennt! Ihr wollt das Fleisch des Tieres fressen. Ihr wollt das Fleisch eures Menschenbruders fressen. Eure Hände strecken sich nach dem Fleisch der Götter des Himmels aus. Wie töricht ihr doch seid! Wie elend! Wie abscheulich!«

Achmûk wand sich auf der Erde, als läge er in den letzten Zügen. Der Derwisch stand bei ihm und blickte in das heilige Morgenlicht. In diesem Augenblick entwischte der riesige Mufflon seinen Henkern. Er floh Richtung Îdenan und schleifte den gezwirbelten Palmfaserstrick, der noch um sein Bein gewickelt war, hinter sich her. Von seiner Kehle troff das Blut. Die Henker sprangen auf und rannten hinter ihm her. Doch der Mufflon erreichte den heiligen Raum des Berges und stieg über die unwegsamen Felsen empor.

Einige Tage noch kämpfte Achmûk gegen das Fieber. Als er gestorben war und der Derwisch die Nachricht vernahm, sagte er zu sich: »Nun ist der Amghâr auch gestorben.« Er zog sich ins Akazienwadi zurück. Dort jammerte er lautlos und weinte tränenlos.

8

Zwei Tage später begann der Angriff der Schakale. Sie kamen vom Berg, als hätte der Amghâr sie geschickt. Über ihnen schwebten die Kämpfer der Dschinnenstämme.

Limassol, 5. August 1991

Amghâr[*], der weise Alte

»... bekannt als kosmische Persönlichkeit, eingeweiht in das Geheimnis, gekleidet in die Haut einer schwarzen Gazelle, mit einem langen Bart. Er wandert vom Ozean im Osten zum Ozean im Norden und schafft die Welt.«
Mircea Eliade, *Die Religionen und das Heilige. Elemente der Religionsgeschichte*

1

Einst war er ein Zeichen, eingegraben in den Felsen, ein Symbol, verkörpert mit Taftast[**] in einer Höhle, die die Götter in den Berg aus hartem Lehm gehauen hatten. Er war eine Tätowierung, gezeichnet mit der Seele der Ahnen, eine geheimnisvolle Inspiration, durchwirkt vom Eifer der Bewohner der Wüste für das Leben und das Fortleben. Ein Amulett, gemeisselt in das Fleisch des Steines, das sie vor dem Übel des Verschwindens und der Vergänglichkeit schützt. Ein Wunder, herausgetreten aus der Weglosigkeit der Stille und des Vergehens, um im Heiligtum der Zeit zu wohnen und sich mit ihr in ihrer Unsterblichkeit, ihrem Verrinnen, ihrem Trug, ihrer Nichtigkeit zu verwandeln. Losgelöst vom Fleisch des Steins, bewegt er sich auf Beinen dahin. Ein Wesen, das zum unmöglichen himmlischen

[*] Tamâhakwort mit der Bedeutung: alter Mann, Scheich, Vater, Ahn, Stammesführer

[**] bräunlichrote Farbe, mit der prähistorische Künstler die Felsen der Grossen Wüste bemalt haben

Berg eilt und emporstrebt, um die Söhne des Stammes vom Gipfel zu holen und sie zurück auf die Gipfel des Tâdrart zu tragen. Dort wirft er sie in die Höhlen der Ahnen, damit sie als Kinder zu neuem Leben erweckt werden. Er bringt sie herab von den Himmeln des unbekannten Îdenan, herab in die Niederungen, auf die Erde. In den Staub, bevor sie sich in den Leib der Mütter begeben und zu einer Nachkommenschaft werden, die den elenden Wüstenstamm vor dem Gespenst der Vergänglichkeit schützt.

... dem Willen der Götter entsprechend, soll nämlich das himmlische Geschöpf, das mit den Wolken über dem Îdenan schwebt, erst zum Menschen werden, wenn es auf Erden wandert, wandelt und sich verwandelt, ganz wie die stolze Zeit in ihren geheimnisvollen Kreisläufen. Doch er kennt diese Kreisläufe nicht. Die Götter, die ihn geschickt haben, wollten ihm nicht den Schleier der Verwandlungen lüften. Losgelöst vom Fleisch des Berges, läuft er seit Anbeginn des Lebens und bringt die irdischen Geschöpfe, sobald sie die Bürde abwerfen, die sie in der Wüste festhalten, auf der Erde. Dann lösen sie sich auf, befreien sich und gehen hinaus mit Staub und Wind, um mit den Wolken des Unbekannten zu verschmelzen, die unablässig über den geheimnisvollen Schlund des unmöglichen Berges wandern. Er wusste, dass er uralt war und dass er die Rolle des Gesandten erfüllte, der nichts kennt als allein die Botschaft.

Niemand in der Wüste weiss, wann der Amghâr seine ewige Mission angetreten hat, und niemand weiss, wann sie erfüllt sein wird.

2

Der Amghâr stellte fest, dass sein Kopf von zwei Säulen gekrönt war, gehauen aus hartem Fels, damit seine Herkunft aus dem Berg nicht in Vergessenheit geriet. Doch mit der Zeit entdeckte er, dass auch der Gesandte, um sich zu verteidigen, einer Waffe bedarf. Und so bediente er sich der beiden Säulen zum Stossen und um feindselige Kreaturen abzuschrecken.

Noch eine weitere Verwendungsmöglichkeit für die beiden stolzen Säulen entdeckte er. Das war bei einer erbarmungslosen Verfolgung durch ein paar Hirten. Die Elenden hatten ihn beim Grasen in einem tiefen Tal überrascht, als sich eben am Horizont der erste Lichtstreif zeigte. Er konnte sich nicht erklären, wie sie sein Geheimnis erfahren hatten. Sie näherten sich in aller Vorsicht gegen die Meeresbrise, die mit der Morgendämmerung aufkam, und liessen ihn das Regengebet beginnen. Er wandte sich gen Norden und roch das Wasser im kühlen Wind. Das trockene Gras hatte ihn nur noch durstiger gemacht. Der Himmel hatte schon seit Jahren keinen Tropfen Regen mehr gespendet. Das Wasser war aus jeder Felsspalte verschwunden, und ihm blieb nichts übrig, als die alten Rituale, von den Ahnen ererbt, zu vollziehen. Da stand er, um das Wasser des Meereshauchs zu trinken, den Tau aus dem Munde des Boten vom Norden.

In diesem erhabenen Augenblick voll hingebungsvollen Flehens griffen ihn die Hirten von hinten an. Sie warfen ihm das Fangseil über die Säulen. Er stob davon, ins Weite, flog zum Berg.

Ja, der Berg ist das Heiligtum des Mufflons und der heilige Raum der Wüste. In seinen Höhlen werden die Geschöpfe geboren. Von seinem Gipfel steigen sie gen Himmel auf. Der Berg, das ist der Geburtsort des Amghâr, seine trutzige Festung. Der Berg! Die geheiligte Säule, die die Vermächtnisse der Ahnen vor dem Verschwinden bewahrt, die den Generationen die kummervollen Lieder, die traurigen Gesänge und die Mythen der Schöpfung überliefert hat. Der Berg! In seinem Schoss begegnen die Bewohner der Wüste denjenigen des Unsichtbaren, dort lebt die ruhmreiche Vergangenheit wieder auf, als sie noch ein einziger Stamm waren, noch nicht geschieden durch die Gier, noch nicht zersplittert durch die Feindschaft. Der Berg! Ein Minarett, das die Mädchen besingen und über dessen Geduld die Dichterinnen des Stammes die edelsten Gedichte verfassen. Der Berg! Stolze Stütze der Wüste, Monument und Wohnstätte der Götter.

Er erreichte den Fuss des Berges, begann den Aufstieg. Das Fangseil hing noch immer um seinen Hals, an seinem Ende hielt sich todesmutig einer der Hirten. Mit Händen und Zähnen hatte er sich in die Fessel verkrallt. Aber warte! Wenn ich erst den Schutz meines Herrn erreicht habe, werde ich bei seinem Seil Rettung suchen. Dann kannst du mir dein Heldentum beweisen! Dann kannst du mir die Stärke deines Seils zeigen!

Er erreichte den ersten Felsen. Sprang mit Hilfe seiner gewaltigen Säulen hinauf, überquerte ihn. Und plötzlich war die Last verschwunden. Es war, als hätte sein mächtiger Herr einen mächtigen Felsen von seinen Schultern genommen. Er schaute zurück. Der elende Hirte, den er die ganze Zeit mitgeschleift hatte, war hinter dem Felsen zurückgeblieben. Die anderen Hirten eilten ihm nicht zu Hilfe, sondern setzten die Verfolgung fort. Sie rannten ihm nach und kletterten auf beiden Seiten hinauf. Aber wartet nur, ihr Elenden! Ich werde euch zeigen, wozu der alte Amghâr unter den Fittichen seines Herrn imstande ist. Er setzte über die Felsen. Sprang über Steine, die garstiger waren als die Klauen wilder Bestien. Die Verfolger keuchten. Einer von ihnen schoss einen Pfeil auf ihn ab, doch ein Felsen gab ihm Schutz, den sein Herr dort hingelegt hatte, damit er ihm Panzer sei. Sie riefen um Hilfe und schrien herum. Einer rollte den Hang hinab. Er war auf einen Stein getreten, der sich, dem Befehl seines Herrn folgend, löste. Als er den ersten Gipfel erreicht hatte, drehte er sich um und warf einen Blick auf die Kampfstätte. Einer der Elenden stand ihm gegenüber und wollte gerade seinen Speer nach ihm werfen. Da wandte er sich und sah den finsteren Abgrund. Er vernahm auch die Stimme seines Herrn, die ihm zu springen befahl: »Stürze dich mit deinen Hörnern hinab, die dem Fleisch des Felsens entnommen sind! Du wirst sehen, dass der Tod das Leben ist.«

Er befolgte den Befehl seines Herrn. Stürzte sich kopfüber in den Abgrund. Begab sich auf eine geheimnisvoll rätselhafte Reise. Er begegnete allen Ahnen, die ihm vorausgegangen waren. Sah, wie sie ihn in der Steinsure festhielten. Im Leib des gewaltigen Berges. Sie spotteten seines Unglücks und seiner Todesfurcht. Im Tod sei das Leben, sagten sie, und das Leben sei doch nichts anderes als der Tod. »Geh hin!« hörte er den Seher sagen. »Kehre ins Dort zurück! Ruh dich aus, und praktiziere jenes Elend, das die Menschen in ihrer Nichtigkeit Leben nennen! Nach einem langen Leben kannst du dann wiederkommen und uns von einer Reise erzählen, die in der Leere beginnt und ebenda endet.« Danach beriet sich der Seher mit den Zauberern und hiess ihn warten. »Wir haben für dich etwas gefunden, das dem Sinn gibt, was ihr Leben nennt. Mit Erlaubnis der Götter schenke ich dir die Unsterblichkeit. Doch dafür musst du mir von nun an alle Menschen bringen, deren Seil gerissen ist. Du bist mein Bote bei ihnen und ihr Bote bei mir in meiner Wohnstätte. Aber hüte dich! Jedem heiligen Auftrag folgt ein Vermächtnis: Nimm dich in acht vor dem Hochmut und vor dem Blick des Stolzes. Der Stolz nämlich verbrennt das Amulett und macht aus dem heiligen Boten einen einfachen Überbringer. Überlass den Stolz den Göttern, und bring mir die Menschen! Nur das!«

Der Seher verschwand. Die Reihe der Ahnen verschwand. Er vernahm den Aufprall seiner enormen Hörner auf dem Felsengrund. Unterwegs hatte er sich von dem Fangseil befreit, das an seinen Säulen gehangen hatte. In Sicherheit vor den Händen der Elenden, vor dem Gespenst der Gefahr betrachtete er seine Waffen und war überrascht, dass keines der beiden Hörner Schaden gelitten hatte. Er schaute sich um und begann aus dem Schlund emporzusteigen.

Aber wehe dem, der die geheimnisvollen Reiserituale vergisst, wenn er den Barsach des Abgrunds überschreitet und ins Reich der Wüste zurückkehrt.

3

Beim ersten Mal war der Weg in den Abgrund einer ins Unbekannte. Er erfuhr, wozu die Hörner dienen können. Mit ihrer Hilfe kehrte er in die Wüste zurück, bewaffnet mit den Vermächtnissen der Ahnen.

Beim zweiten Mal erfuhr er, dass das Gras immer ein Fallstrick ist.

Er hatte sich von den Herden getrennt und wanderte allein durch die Klüfte. Suchte Zuflucht in den finsteren Höhlen. Las wieder die Vermächtnisse, die auf den Felswänden festgehalten waren. Er sann über die feindselige Natur der elenden Menschen nach, überdachte in seinem Herzen die Zeichen der Gefahr und fastete, um der Leidenschaft Herr zu werden. Er vergegenwärtigte sich die Himmelfahrt des Propheten, die nach irdischer Vorstellung einen einzigen Augenblick gedauert hatte, ihn aber eine Distanz durchmessen liess, die ihm die Quellen der Zeit zu schauen und alle Stützen und Universen zu umkreisen erlaubte. In einem Augenblick erfuhr er ein Schicksal, das ihm näher als seine Halsschlagader war. Zurückkehren konnte er allein, weil der Seher das Buch des Geheimnisses und der Unsterblichkeit zuschlug. Er prallte auf den Felsen in der Tiefe und fand sich neugeboren.

In der Klause der Einsamkeit las er die Texte des geheimnisvollen Buchs. Prophezeiung des Sehers, der sich die Amulette der Boten um den Hals gehängt hatte, um die ewige Botschaft zu erfüllen.

Er tötete die Leidenschaft durch das Fasten. Reinigte sich vom Schmutz durch die Zurückgezogenheit. Ging hinunter auf die Erde, um für seinen Lebensunterhalt zu sorgen, und dabei vergass er, dass derjenige, der das Gedränge der Herde verlässt, für sich selbst sorgen und sich selbst zum Herrn über sein Schicksal machen muss.

4

Mit Hilfe des Grases hatten sie ihn in einen Hinterhalt gelockt.

Vermöchten die elenden Menschen eine andere Falle zu stellen als die des Grases? Kann das irdische Geschöpf, geformt aus Lehm, gewirkt aus Gier, auf einen stärkeren Fallstrick setzen als den des täglichen Brots, das das satanische Innere nährt?

Damals war er noch nicht imstande, diese hässliche Wahrheit zu erkennen.

Vorsicht war ihm immer oberstes Gebot. Ja, von dieser Notwendigkeit hatte er sich nie losgesagt, seit er sie mit der Muttermilch eingesaugt und vom Vorbild der Ahnen übernommen hatte. Aber die Listen des Menschen siegten schon immer über die Vorsicht der gewieftesten Geschöpfe, auch des Mufflons.

In der Finsternis ging er hinab auf die Ebene. Lange nach Mitternacht. Kurz vor dem Beginn des ersten Morgengrauens. Er roch die Erde, trank vom Tau des Nordwinds, berauschte sich am Nektar des Meeres und suchte bei der feuchten Luft Erlösung vom Durst. Tief atmete er den Hauch des fernen himmlischen Paradieses ein. Die jungfräuliche Morgenbrise war ein Balsam gegen den immerwährenden Durst, ein Trost in der ewigen Wüstenhitze, ein letztes Amulett des Lebens.

Aber ernährt der Wind mit Gras?

Nein, der Mufflon lebt nicht vom Wind allein, selbst wenn dieser von den Paradiesen des Nordens stammte.

5

In den Brisen des Wassers forschte er nach dem Geruch, dem Geruch jener besessenen Geschöpfe, die keinen Schlaf finden, wenn sie kein Unheil anrichten können. Die erst dann in Frieden ruhen und erst dann das satanische Haupt an die Brust der Urmutter legen, der geduldigen Erde, wenn sie die Ginsterblüte abgerissen, wenn sie das Haupt der Palme abgeschlagen und sich an ihrem Herzen berauscht, wenn sie eine unschuldige Gazelle erlegt haben, die auf freier Wildbahn umherstreifte, ja wenn sie gemeinsam einen Mufflon umgebracht haben, der zurückgezogen auf dem Berg lebte und von den Menschen nichts anderes wollte, als allein und in Frieden gelassen und vergessen zu werden. Doch wehe! Das besessene Geschöpf wird keine Ruhe geben, bevor es sich nicht den Wanst mit dem Fleisch der Nächsten gefüllt hat, denn es findet keinen Schlaf, solange der volle Bauch der erste Gefährte von Schlummer, Lethargie und Schlaffheit ist.

Noch eine andere, lebensbedrohende Heimsuchung hat das Schicksal auf das Haupt des Mufflons geladen. Doch retteten ihn die Ahnen mit einem Schutz namens Geruchssinn. Alle umliegenden Gebiete hatte er mit seinen Nüstern inspiziert, bevor er es wagte, sich dem Gras des Wadis zu nähern.

6

Sein Schicksal führte ihn zum ewigen Köder, der in der Nahrung steckt. Er rupfte Büschel von Halfagras und begann vorsichtig zu kauen. Einen Augenblick mahlte er die seidene Pflanze, dann hielt er plötzlich inne, um den kriechenden Geschöpfen zu lauschen. Heilige Stille. Sogar die Dschinnen waren müde geworden und hatten ihre nächtlichen Gespräche in den Höhlen und an den Rändern der Wadis beendet. Selbst die Müdigkeit war müde geworden und hatte sich zur Ruhe gelegt. Doch er war nicht beruhigt. Wie sollte auch jemand beruhigt sein, der von seinen Ahnen tausend und abertausend Vermächtnisse geerbt hatte, die alle mit »Wenn …« beginnen und mit einer Warnung enden, die durch ständige Wiederholung zum Gesetz geworden ist: »Also hüte dich vor jenen Geschöpfen, die nicht schlafen, sondern unablässig auf Unheil sinnen«?

7

Auch der Gehörsinn ist ein Schutz gegen das Treiben jener Geschöpfe. Wenn er in der Lage war, den Feind auf Tage im voraus mit seinen Nüstern im Windhauch zu sehen, den er einsog, so war er auch in der Lage, die Gefahr auf Tage im voraus mit dem Ohr zu sichten.

Aber wer ist imstande, es mit jenem rätselhaften Geschöpf in der Erfindung von Arglisten aufzunehmen?

Er sah die verräterische Spur unter dem Halfabüschel, bevor er den ersten Happen verschlang. War es die Spur des Grases, das der Wind hin und her zog, oder waren es geheimnisvolle Talismane, die die Hand des gestörten Geschöpfs mit einer Palmenrispe gezeichnet hatte? Selbst wenn das wilde Gras unschuldig war an der Zeichnung der geheimnisvollen Spur, so waren doch die rätselhaften Symbole mit einer Fertigkeit gezeichnet, wie sie nur die Zauberer unter jenen Geschöpfen zu eigen haben. Er versuchte in der Finsternis die Linien zu erkennen. Trat näher, um die Symbole des Unbekannten zu lesen. Vergass jenes Vermächtnis der Ahnen, das vor Neugier warnt und allzu grossen Wissensdrang untersagt. Denn was im Unbekannten verborgen bleibt, richtet kein Übel an, und die Prophezeiung spricht mit der Zunge der Gefahr. Ohne die satanische Neugier hätte der Fluch des Elends das heilige Geschöpf nicht ereilt, es wäre nicht aus dem Paradies der Gnade verjagt und nicht aus einem gebenedeiten himmlischen Engel in einen vermaledeiten irdischen Teufel verwandelt worden.

Er ging noch einen Schritt – und trat in die Falle.

8

Er schleppte den Fallstrick mit sich zurück auf den Berg. Zog sich in die Felsen zurück, flüchtete sich in den Schutz der Einsamkeit. Er suchte im Exil Hilfe gegen das Unglück. Befreite sich von dem Fallstrick durch Fasten. Und so verlor er die Welt. Aber dann begriff er, dass dieser Verlust die Voraussetzung dafür ist, seinen Schöpfer kennenzulernen und sich selbst zu gewinnen.

9

Dann machte er sich an die Aufgabe und trat den geheimnisvollen Gang an.

Von einem Stammeslager zum anderen ziehend, durchstreifte er die weite Wüste. Er sammelte die Guten, die sich aus der Flasche des Leibes befreit hatten, und brachte sie zurück in die finsteren Höhlen, damit sie vor dem geheimnisvollen Priester erschienen. Dort unterwarfen sie sich der Abrechnung. Er lehrte sie die Sprache der Geburt, damit sie verstehen lernten, dass der Alptraum das Schicksal des

Menschen bleibt, solange er ausserhalb seiner selbst nach Erlösung sucht.

10

… schliesslich hatte das Schicksal ein Einsehen und lenkte seine Schritte zum Berg des Wahnsinns, damit er den Erben der Generationen zurück ins Land der Stille brachte, damit sich die Berge bei der Befragung durch den grossen Priester für ihn einsetzten.

Auf dem Rückweg trat ihm der Derwisch entgegen und sprach ihn in der Sprache von seinesgleichen an. Und ihm fiel es nicht schwer, ihm ebenso zu antworten und ihm in der Sprache des Geheimnisses vom Geheimnis zu erzählen.

11

Aber die elenden Geschöpfe, die sich nie geschlagen geben, lauerten ihm am Fuss des Berges auf und verfolgten ihn durch die kahle, von messerscharfen Steinen bedeckte Weite.

Er war erschöpft.

Die endlose Reise hatte ihn geschwächt, und unter der Last des seit Ewigkeiten anvertrauten Guts war er ermattet. Doch die Gesetze des Wüstenedelmuts nötigten ihn anzuerkennen, dass nicht all diese Kümmernisse es waren, die den Feinden die Oberhand über ihn gaben und ihn mit dem tödlichen Speer am Hals treffen liessen. Ja, er musste zugeben, dass die wirkliche Ursache seine Überheblichkeit war. Er musste zugeben, dass er dem Vermächtnis des geheimnisvollen Sehers zuwidergehandelt und das Haupt stolz gen Himmel gereckt hatte. Ja, der entscheidende Schlag kam, als er unaufmerksam war und der Stolz ihn in die Irre führte.

Es war eines dieser Vermächtnisse, die er von den Ahnen ererbt hatte. Er fand es auch auf die Wand der Höhle geschrieben, und der Seher in der Tiefe hatte nichts anderes getan, als ihn bei seinem Flug in den Abgrund daran zu erinnern und es ihm wieder zu Gehör zu bringen.

Nachdem er sich dem Zugriff seiner Verfolger entzogen und in den göttlichen Felsen Schutz gefunden hatte, bemächtigte sich seiner der Hochmut der Siegreichen, und es überkam ihn der teuflische Wunsch, seine Überlegenheit auszukosten. Die Natur des sterblichen Mufflons gewann die Oberhand, und er hielt bei seinem Lauf zum Gipfel inne. Er blickte zu seinen elenden Verfolgern zurück, um sie mit dem Blick der Verachtung zu zermalmen. Unbewusst machte er sich göttergleich und vergass die eigentliche Botenaufgabe. Die Natur des kleinen, sterblichen Geschöpfs setzte sich gegen den Charakter des ewigen, himmlischen Geschöpfs durch, und auf der Stelle erhielt er die Quittung. Er stürzte vom Gipfel des unmöglichen Berges und fiel seinen Verfolgern in die Hände.

Und so begann eine weitere Runde der Bestrafung.

12

Sie brachten ihn nach Wâw. Dort erwartete ihn eine weitere Überraschung.

Als Achmûk, den man Emestagh nannte, vor ihm erschien, erkannte er in ihm sein Kind, den Sohn, den er einst auf dem Rücken quer durch die Wüste getragen hatte, um vor dem Priester zu erscheinen, die Geschichte der Geburt zu bewahren und sein Gedächtnis mit dem Vergessen zu versiegeln, als die Zeit reif war und er wieder in die Wüste zurückkehrte. Doch offenbar war das Gedächtnis dieses seltsamen Sohns stärker als das Vergessen. Es lehnte sich auf gegen das geheimnisvolle Gesetz und erinnerte sich an den Vater. Mit einem einzigen Blick musste er ihm alles erzählen. Und der Steinsohn verstand die Sprache des Steinahnen. Er brach fiebernd zusammen, bevor er dem Sultan die Bitte übermitteln konnte. Doch der arme Achmûk begriff nicht, dass der Amghâr nur auf die Ebene hinuntergegangen und vor dem Sohn stehengeblieben war, um das anvertraute Gut auf den Berg mitzunehmen. Denn dieses anvertraute Gut war das einzige Opfer, mit dem sich der Amghâr von der Sünde des Hochmuts reinigen konnte, die ihn befallen hatte. Sagt doch das Gesetz der Ahnen, der Amghâr müsse seinen Sohn opfern, wenn er sich vom Bösen reinigen und das Wohlgefallen der Götter gewinnen wolle.

Denn er ist am Ende der einzige, der weiss, dass durch seine Rettung die Wüste lebt und dass mit ihm auch der Stamm verschwinden würde und es keine folgenden Generationen mehr gäbe.

Limassol/Moskau 1991

Taffâwut

1

Sie empfing die alten Vermächtnisse aus den Tifinâgh-zeichen, die ihre Mutter mit grossem Eifer auf die Kissen gestickt hatte. Die Geschichten voller Heldentum und die Sagen voller Edelmut saugte sie mit der Muttermilch ein. Sie sah in ihren Träumen die Ahnen und entschlüsselte die Talismane in den mit Nadel und Faden auf den Kissenstoff gestickten Symbolen.

Als sie älter wurde, begann sie Fragen zu stellen und erfuhr, dass die rätselhaften Zeichen, die man ins Leder der Sättel und ins Zaumzeug des Mehri geritzt hatte, allesamt Amulette der Altvordern und Schätze der Ahnen waren. Sie hatten sie den Nachkommen vermacht, und Generationen hatten sie weitergegeben, damit sie ihnen als Richtungsweiser in der Weglosigkeit dienten und damit sie aus ihnen die Texte des Wüstengesetzes formulierten. So erfuhr Taffâwut, dass die Mutter das Bollwerk ist, die Wurzel, der Talisman des Lebens auf dem weiten Kontinent.

Als dann die Zeit des Festes und der Augenblick der Vernunft gekommen war und sie in einem eigenen Zelt sass, war es aber nicht mehr die Mutter, die diese Einsichten vortrug.

Die Geheimnisse des neuen Reiseabschnitts empfing sie von einer weisen Alten, die Magiersprüche murmelte, die sie aus dem Mund der Zauberer von Kano gelernt hatte. Diese sollten ihr helfen, das Tor zu öffnen und hinaus auf den Lebensweg zu treten. Und auf immer musste sie sich an diese alte Frau erinnern, die sich in jener Nacht in der Sprache der Wüste an sie wandte und mit der Zunge der Ahnen zu ihr redete: »Bewahre es dir von heute an im Herzen«, schloss sie ihre Ermahnungen, »dass die Frau in der Wüste das Leben ist. In deinem Leib wirst du den Samen empfangen und den Stamm vor dem Aussterben bewahren. Mit deinem Mund wirst du die Vermächtnisse und die Gesetze sprechen. Mit deiner Hand wirst du den Generationen die Zeichen weiterreichen, und sie werden von dir die Tifinâghschrift lernen. Nun ist es soweit. Du wirst gehen, singen, lieben und von deinem Mann das Geheimnis der Ewigkeit empfangen, das Amulett der Wüste.«

Danach verliess Taffâwut das Zelt des Geheimnisses und ging zu ihrer Mutter zurück. Diese forderte sie auf, sich neben sie in die Morgensonne zu setzen, und beschloss, den nächsten Schritt zu tun.

Sie nähte Tifinâghzeichen auf Kissen, Kleider und Mehrisättel, nicht um sie die Geheimnisse des altehrwürdigen Alphabets zu lehren, sondern um ihr die Sprache der Liebe verständlich zu machen. Sie erläuterte die Botschaft in den Vermächtnissen, in denen es heisst: »Die Frau heftet sich dem Mann an die Fersen, nicht damit er sie vor den Wechselfällen der Zeit beschützt und ihr Sicherheit gegen die trügerische Zeit gibt, sondern damit sie aus seinen Lenden Nachwuchs empfängt. Wenn sie das begreift und das Erwünschte erhält, so hat sie im Leben gewonnen, und das göttliche Schöpfungsgeheimnis wurde ihr zuteil. Auch wenn er sie danach verlässt, hat sie keinen Grund, traurig zu sein, denn der Mann ist ein schwaches, elendes Geschöpf, nicht einmal in der Lage, sich selbst zu beschützen. Er ist die trostbedürftigste Kreatur.« Nachdem sie Stoff, Kleider und Nadel beiseite gelegt hatte, kam das Leder an die Reihe. Sie begann mit einem Schminkhölzchen die ersten Buchstaben aus dem Epos der Vermächtnisse zu zeichnen. Dabei fuhr sie mit ihren Ausführungen fort: »Ich habe deinen Wunsch, Udâd zum Gemahl zu bekommen, gesegnet, nicht weil er jenem Gesetz folgt, das im Cousin den geeignetsten Mann für den Fortbestand der Nachkommenschaft sieht, sondern weil er grünhäutig ist. Jawohl, er ist ein grünhäutiger Bursche. Weisst du, was es bedeutet, wenn ein Bursche einen grünen Körper besitzt?«

Sie wusste es nicht. Woher sollte sie auch die Geheimnisse des Lebens in der Wüste kennen, wie die Bedeutung der grünen Farbe in der Haut der Männer verstehen, sie, die erst gestern jenes andere Zelt verlassen und als Zeichen der Reife den Kopf mit dem blauen Tuch bedeckt hatte? Sie hatte aber das Gefühl, dass die eigentliche Kraft in ihr das Grüne war und dass das Blut, das durch ihre Adern brauste und ihre Brüste nährte, nicht blau war, wie die alten Frauen im Stamm behaupteten, sondern grün.

Die Mutter sah auf zur Sonnenscheibe. Sie betrachtete die Strahlen mit weiten Augen, in denen das Weisse vorherrschte. Sie glich den Zauberinnen von Kano in dem Augenblick, da diese zu den Magierritualen ansetzten, mit denen sie die Toten, die Abwesenden oder die Dschinnen beschworen.

Plötzlich hielt sie inne. Tränen brachen aus ihren Augen, und sie lüftete das Geheimnis: »Der grüne Mann ist ein Schatz, denn die Wüste hat ihm diese Farbe als Belohnung für die Genügsamkeit zuteil werden lassen. Der grüne Mann empfindet Widerwillen gegen das Fleisch, und Gier kennt er überhaupt nicht. Der grüne Mann ist mit dem Herzen im Himmel, wo er mit den Engeln lebt, weil er als Speise nur das Gras kennt. Im Herzen des grünen Mannes schläft ein Geheimnis, weil er der Liebling des Götter ist. Das solltest du wissen.«

Sie wiegte nach rechts und nach links, hob das Schminkstäbchen an die Augen und zog damit eine geheimnisvolle Linie über den Wimpern; ein anderes Symbol zeichnete sie über den Brauen. Dann beugte sie sich wieder über das Lederstück und liess sich von den Dreiecken der Göttin Tannît und den Formen der zauberhaften Gazellen mit dem Geist der Offenbarung, des Zaubers und der heidnischen Prophezeiungen inspirieren. Dann richtete sie sich wieder auf und suchte bei der Prophezeiung Hilfe für die ewige Lektion, die Lektion der Mutter an ihre Erbin, die Tochter.

«Aber glaube nicht, dass die Bewohner der Wüste den Gefrässigen verachten, weil die Gesetze des Edelmuts und die Regel des Stolzes es so wollen.«

Sie streckte ihre schmale Hand aus und steckte sie in die Erde, um das Böse abzuleiten und bei der Erde Schutz vor dem Satan des Stolzes zu suchen. Dann kehrte sie zur mütterlichen Lektion zurück.

»Du musst wissen, dass dies ein weiteres Vermächtnis der Ahnen ist. Allein diese hatten das Vorrecht, das Geheimnis der Sättigung zu kennen. Sie haben den Gefrässigen verflucht und die Dichterinnen angestiftet, alle unmässigen Männer mit Spottgedichten zu bewerfen, um durch die Kraft der Poesie Schande über ihren Namen zu bringen, die der Südwind aufnehmen und in alle Winkel der Wüste tragen sollte. Das solltest du wissen.«

Doch noch war die Lektion nicht zuende. Die weise Mutter musste sich noch dem Firmament zuwenden, um ihre Belehrungen mit einem Wort des Himmels abzuschliessen. »Wer anders als die Altvordern könnte wissen, dass die satte Kreatur schwer wird und zur Erde drängt? Wer anders als sie könnte wissen, dass denjenigen, der sich dem Staub der Erde hingibt, der Staub der Erde zurückholt und dass ihm nie mehr vergönnt sein wird, die Sterne zu sehen? Du musst also wissen, dass der Himmel nur die Hungrigen anerkennt, diejenigen, die mit leerem Magen durch die Wüste ziehen, den Kopf im Himmel; denn sie verlangen von ihrer Reise auf Erden nichts als das Wâw des Himmels.«

An diesem Punkt wagte die Erbin zum erstenmal, eine Frage einzuwerfen: »Sucht Udâd auch nach Wâw?«

Die Mutter lächelte. In ihren Augen tanzte ein verzücktes Flimmern. Sie nickte zustimmend, als segne sie die Frage.

2

Sie sang für ihn die kummervollen Lieder der Wüste, während sie in den Tälern und auf den Weiden den Zicklein hinterherlief. Sie befragte das Erbe der Ahnen auf dem Fleisch der harten Lehmwände. Sie sprach zu den gewaltigen Minaretten, die am Himmel des Tâdrart hingen. Sie machte sich auf die Suche nach den Liedern der Liebe. Sprach mit den Dschinnen an den Höhleneingängen, um die Antwort in der Sprache des Geheimnisses und des Unsichtbaren zu erhalten. Sie erschienen ihr im Gewand der Reisenden und lehrten sie die Sprache der Magie, ohne die keinem Mädchen in der Wüste das Glück beschieden ist, ein Geschöpf zu erhalten, das sich von den Fesseln der Erde gelöst und die Suche nach dem Wâw des Himmels zu seinem Ziel gemacht hat.

Sie beschwor die alten Frauen der Wüste, in deren Gesichter die Zeit ihre Gesetze eingegraben hatte, um sie zu Priesterinnen, Seherinnen, Zauberinnen zu machen: »Wann findet die Jungfrau einen Gefährten, den die Suche erfasst hat?«

»Wenn er den Weg nach Wâw findet«, antworteten die alten Frauen in der Sprache der Prophetie.

»Und wann findet er den Weg nach Wâw?«

»Er wird ihn nie finden«, erwiderten die Priesterinnen, die Seherinnen, die Zauberinnen in der grausamen Sprache des Priestertums, des Sehertums, des Zaubers.

Doch in der Jungfrau wogte die Hoffnung. Ihr Herz schlug in Liebe. Sie ergab sich nicht der Grausamkeit der alten Frauen, mochten sie auch Priesterinnen, Seherinnen, Zauberinnen sein. Sie suchte Rat in einer anderen Sprache, einer Sprache, die die Reisenden gelernt hatten, als der Durst sie quälte, sie aber nicht verzweifelten und die Hoffnung nicht aufgaben: »Im verlorenen Anhi steht, dass der Liebende einmal in die Wüste herabkommen wird, wie lange er auch in den Höhen weilen mag.«

Die Priesterinnen lächelten. Sie öffneten ihre mürrischen, zahnlosen Münder für eine noch grausamere Prophezeiung: »Er wird in die Tiefen herabkommen, wenn die Zeit reif und die Stunde des Abschieds gekommen ist.«

Da sang die Jungfrau das Lied des Lebens: »Das Anhi irrt nicht. Das Anhi lügt nicht. Das Anhi verheisst, dass der Liebende, der nach Wâw im Himmel sucht, auf die Ebene herabsteigen wird, um die Erde zu pflügen und das Herz der Jungfrau zu besäen, wenn die rechte Zeit gekommen ist.«

»Wen die Liebe zum Unbekannten ergriffen hat, der gibt nicht auf und steigt nicht herab. Er will nicht die Jungfrau umarmen, um zu zeugen, was vergehen wird. Er will nicht auf der Ebene wohnen, um zu bauen, was verfallen wird. Er will nicht hier unten versauern und seinen Wanst mit Dingen füllen, die verrotten werden.«

»Das ist nicht die Sprache der Menschen.«

»Heisst es nicht: Wer sich zu etwas verpflichtet, muss die Sprache der Menschen vergessen?«

»Das ist nicht die Sprache des Anhi.«

»Das Anhi spricht die Sprache von gestern. Die Sprache von gestern ist edler als die Sprache von heute, ebenso wie die Sprache von heute edler ist als die Sprache von morgen.«

Die Jungfrau klagte, dann folgte sie dem Ruf. Sie lief zum Horizont, wo die Morgenröte eine vage Verheissung zeichnete – einen Feuerbrand, jungfräulich, grün.

3

Welche Kraft in der Wüste ist so dreist, dem Willen der Allmacht zu trotzen und sich gegen die Verlautbarungen der geheimnisvollen Priesterinnen zu wenden? Welche Frau wagt es, ein Geschöpf zu begehren, das sich vom Fleisch der Erde losgerissen und sein Herz dem Himmel anvertraut hat? Welches junge Mädchen lässt nicht ab, des Mufflons der Berge habhaft zu werden, der sich der Botschaft geopfert und sein Leben der Suche nach der Erlösung und dem Opfer für Wâw geweiht hat?

Taffâwut allein war dreist genug, wagte es, liess nicht lokker, denn der Ruf des Lebens im Herzen einer Jungfrau ist stärker als die Scham und als die Macht des Verschwindens am Tor von Wâw. Das Lied der Geburt ist leidenschaftlicher als die Klage der Ewigkeit. Dem Himmel war es nicht unmöglich, das Wunder zu wirken und die Schöpfung zu ermöglichen. Er erfüllte die inständigen Bitten der liebenden Wüstenfrau und brachte den stolzen Geliebten von seinem Himmel auf den Gipfeln des Tâdrart herab auf die Ebene der Liebe, der Auferstehung und des Lebens.

Die Götter der Wüste berieten über die Jungfrau und verzichteten auf die Erfüllung des Gelübdes, ein Opfer für die Jungfräulichkeit, eine Heiligung des Lebens.

Das Wüstenmorgenlicht brach an und brachte die frohe Botschaft. Das ewige Weib gewann den unmöglichen Geliebten.

4

Doch die Gesetze der Ahnen sind stärker als der Überlebensinstinkt, und in der Wüste ist die Scham der älteste Begleiter des Lebens.

Die Hochzeitsfeierlichkeiten begannen. Die Zeit war gekommen. Die Dichterinnen sangen die Verse von Verlust und Verlorensein. Und da tanzten die Reiter und schufen mit ihren schlanken Mehris eine andere Art Gedicht.

Der Abend senkte sich, und sie las in den Augen der geheimnisvollen alten Frauen das Zeichen. Sie folgte dem uralten Befehl und gab sich der Finsternis und der Leere hin. Der Scham gehorchend, entfloh sie dem Angesicht des Gemahls.

Sie verliess das Lager. Die Stille verschlang sie. Der Mond holte sie aus der Hand der Finsternis und der Dschinnen und überantwortete sie dem Nacken der Akazien. Und dort erschien ihr ein anderer Dschinn, der sie lange betrachtete, bevor er sie in der Sprache der Menschen anredete: »Wie edel ist die Frau, wenn sie sich verweigert! Wie schön ist das Weib, wenn die Scham es ziert. Die Scham, das ist das Leben.«

Er fasste sie und führte sie ins Zelt des Gemahls.

5

Dort, im innersten Bereich, am Fusse des majestätischen Erdthrons, sass der Gemahl im Gewand der Vermählung und empfing sie mit verheissungsvoller Hand. Sie vergoss die Tränen der Unschuld und gab die Scham dahin als Opfer für den Tropfen der Ewigkeit. Für die Gesetze der Ahnen erhielt sie den Samen des Lebens, entsprechend dem Willen der geheimnisvollen alten Frauen, die sich darüber einig waren, dass der Siegesseufzer dem Wüstenmädchen nur dann zuteil wird, wenn sie dafür mit Blut bezahlt. Die Weisheit sagt, der Tod sei das einzige Geschenk an den Menschen, für das die Götter keinen Preis verlangen.

6

Doch der Gemahl weilte nicht lange auf der Ebene. Er folgte dem Ruf und erklomm die Gipfel, immer auf der Suche nach der uralten himmlischen Oase, deren Existenz die Wüste in ihrem ewigen Buch nicht erinnernd festgehalten hat, damit sie so ausserhalb der Geschichte bleibt, ausserhalb der Zeit, ausserhalb des Lebens, ausserhalb von allem. Haben doch die ewigen Wanderer gelernt, alles zu vergessen, was nicht im Gedächtnis der ersten Mutter bewahrt wird, damit der himmlische Ruf schicksalsgleich über dem Haupt des Wanderers schwebt. Er machte sich entschlossen daran, eine Verbindung wiederherzustellen, die in nicht mehr erinnerter Zeit unterbrochen wurde. So wollte er die Ordnung umkehren, die Fehler beheben und das Erste Gesetz neu schaffen, weil er glaubte, wahre Harmonie könne es nur in der unbekannten Oase geben. Aber das Streben dauert an, und die Suche geht weiter, ohne dass das Herz ein Einsehen hat und zur Erde zurückkehrt, ohne dass der Leib sich vom Lehm befreit und sich im Licht auflöst, um zum Himmel aufzusteigen. Der Weglose bleibt zerrissen zwischen den beiden Gegensätzen: Sein Herz schwebt im Raum und sucht die Erlösung, und der Lehmklumpen kriecht auf der Erde, die Nase im Staub.

Irgendwo im Barsach zwischen Himmel und Wüste stehen die Gipfel des Tâdrart. Sie lächeln traurig wie jemand, der vom Geheimnis weiss und begriffen hat, dass der Vogel, der im Käfig hüpft und flattert, keinen Weg zur Erlösung kennt und auch nicht die Sprache des Behälters versteht, solange der Himmel nicht herabzukommen geruht, um der Wüste zu begegnen.

Die Berge des Tâdrart sind es, die das Herz des Gemahls mit Hoffnung gefüllt und ihm zu verstehen gegeben haben, dass der Eintritt nach Wâw an diese Begegnung gebunden ist.

7

Udâd kehrte zu seinem Himmel zurück und blieb lange weg. Als es der Mutter zu lang wurde, ging sie erzürnt ins Zelt. Sie schlug sich mit beiden Händen auf den Hintern und erteilte ihr eine Lektion, die aus Worten einen Palmfaserstrick dreht: »Wenn das Weib nicht imstande ist, den Gemahl mit ihren Talenten und ihrem Verstand zurückzuhalten, dann werden ihn nur diese beiden hier zurückbringen …« Dann schlug sie sich ein weiteres Mal mit beiden Händen auf die Schenkel. Aber Taffâwut hatte von Anfang an gewusst, dass das Geschöpf, das sein Herz an Wâw gehängt hat, nicht von zwei wohlgeratenen Hinterbacken zurückgeholt wird. Sie lächelte der Mutter zu und tastete nach dem grünen Embryo in ihrem Leib.

8

Sie lehrte das Kind nicht nur die Tifinâghzeichen und die Bestimmungen des verlorenen Buches. Sie nahm es auch auf sich, ihm den Geist der heiligen Gesetze einzuhauchen, die aus der Nachkommenschaft ein Beispiel für kommende Generationen machen, ein gutes Omen für den Fortbestand, einen grünen Körper, den der Dämon der Vergänglichkeit meidet und aus dessen Gesicht das Gespenst des Vergehens flieht.

Sie säugte es mit der Milch von Alphabeten, in denen die Buchstaben unwesentlich sind. Denn die Wüstenfrau tränkt ihr Kind zunächst mit den Sitten, Gesetzen und Bestimmungen, selbst wenn sie den Stämmen der Gefolgsleute zugehört. Sind doch Edelsinn, Enthaltsamkeit, Mut und die

Liebe zur Weglosigkeit Ideale, die noch nie Alleinbesitz der Stämme der Edlen waren. Und die in den Fels gegrabenen Schriften wurden geschaffen als gemeinsames Erbe für kommende Generationen, als Credo für ihr Leben, nicht als Maske, mit denen sich die Stämme der Wüste von anderen zu unterscheiden trachten.

Doch hat der Krieg – dieses Schicksal, das dauernd über dem Haupt des Stammes schwebt – ihr nicht die Zeit gelassen, die Aufgabe zu vollenden und im Erben die Seele der grünen Verheissung grosszuziehen. Sie musste ihn auf immer verlieren, um ihn auf einmal und dann für immer zurückzubekommen.

9

Sie bekam ihn nicht mit denselben Zügen, mit demselben Körper zurück.

Sie empfing ihn auch nicht von demselben Engel, der auf der Suche nach Wâw weggegangen und niemals zurückgekehrt war.

Sie erhielt ihn auch nicht vom plötzlichen, rätselhaften Klopfen ihres Herzens, das sie nach dem Verschwinden des Gemahls erschütterte und ihr nichts liess als Blut und Schrecken, da sie nicht begriff, dass sie an ein anderes Geschöpf gebunden war, eines, das durchsichtiger war als jener Engel und noch schwerer zu erreichen als Wâw. Dieses floh lieber mit den Wölfen, als sein Herz einer irdischen Kreatur zu überlassen, sollte diese auch die einzige Wüstenfrau sein, die den Stamm vor dem Gespenst des Vergehens retten konnte.

Jawohl.

Die Verheissung kam aus dem Nichts, und eines Nachts, als ein trauriger Mond aufging, nahm der Stammesführer sie bei der Hand, und in der leeren Weite heulte ein Rudel Wölfe, als segneten die Tiere den heiligen Bund.

Moskau/Wadi al-Adschâl (Libysche Wüste) 1991

Nachwort

Die Magier, das Epos der Tuareg, darf mit Fug und Recht als Ibrahim al-Konis zentrales Werk betrachtet werden, dasjenige, in dem vorangegangene Romane und Erzählungen aufgehen und von dem aus in späteren Werken einzelne Themen weiterentwickelt werden. Es ist der Versuch, die Überlieferung eines verschwindenden Volkes – oder besser: einer verschwindenden Lebensweise – festzuhalten, und gleichzeitig eine grosse Metapher für menschliche Existenz.

Hauptthema darin ist das Verhältnis unterschiedlicher Visionen von Wâw zueinander, jenem Traumort, dem man in zahlreichen Werken al-Konis begegnet. Ausgangspunkt dieser Vorstellungen von Wâw ist das grosse Wâw, das Paradies, das dem Menschen verlorenging und an dessen Stelle er unterschiedliche Ersatzversionen erdenkt, die er immer wieder zu verwirklichen trachtet.

Vor diesem gedanklichen Hintergrund spielt sich die Handlung des Romans *Die Magier* ab: eine Auseinandersetzung zwischen sesshaft und nomadisch, zwischen Alt und Neu, zwischen Kain und Abel, zwischen Romulus und Remus, zwischen einer neuentstehenden Stadt aus Stein und einem Lager aus Leder und Wolle. Das Wirken und Denken einiger der zahlreichen Figuren des umfangreichen Werks wird in und durch *Die steinerne Herrin* »ergänzt«.

Es ist eine seltsame und doch nicht unbekannte Idee, ein Spiel mit dem literarischen Schreiben: übrige Blätter, lose

Seiten, unbekannte Kapitel zu einem eigenen Buch zusammenzufassen. Hier sind es »verlorene Ereignisse«, so im arabischen Untertitel. Die Erläuterungen des Autors liessen »ergänzend« als zutreffend erscheinen. Denn die eigentliche Absicht der elf Einzelkapitel sei es, einen speziellen Aspekt herauszuarbeiten, der in den *Magiern* zwar vorhanden, jedoch weniger ausgeprägt ist: die Interaktion zwischen dem Sinnlichen und dem Übersinnlichen, zwischen der sichtbaren und der unsichtbaren Welt, die Wirkung der Magie beziehungsweise die magische Wirkung von Personen und Dingen.

Obwohl *Die steinerne Herrin* eine Sammlung eigenständiger Geschichten ist, sind die Personen zum grössten Teil aus den *Magiern* bekannt. Auch viele Ereignisse und Vorgänge sind wiederzuerkennen, und nicht zufällig leitet die Betrachtung des Bildes der steinernen Herrin durch Mûssa, den Derwisch, die erste Geschichte ein. Die Szene, auf die angespielt wird, findet sich in den *Magiern* im Kapitel »Der Derwisch«. Mûssa, der zu den Wölfen in Milchbruderschaft steht und ein besonders intimes Verhältnis zu Gottes Schöpfung insgesamt hat, ist in die Prinzessin verliebt – ungebührlich für seinesgleichen. Bevor er Hand an sich selbst legt, um die Wurzel derartiger Empfindungen zu beseitigen, steht er unterwegs plötzlich einem Frauenbildnis auf einem Felsen gegenüber, das er mit Tênere, der Prinzessin, identifiziert.

Dieses Bildnis erhält hier in »Eine Seite aus dem Buch der Wüste« eine »Vorgeschichte«, die in den *Magiern* nicht zu finden ist. Das Bild auf dem Stein ist das Abbild einer ganz besonderen Frau (Tamaddûrt = Leben), deren Schönheit die Wüste erleuchtet. Geschaffen wurde es von einem ganz besonderen Mann, der schon bei seinem ersten Auftreten seine Zugehörigkeit zum Reich des Unsichtbaren deutlich macht.

Die Einheit des Universums, die fliessenden Grenzen zwischen allem Existierenden sind eine Konstante im Werk Ibrahim al-Konis. Diese Einheit ein weiteres Mal zu zeigen, zu gestalten ist, wie gesagt, Ziel der *Steinernen Herrin,* deren folgende zehn Episoden alle um Figuren kreisen, die schon in den *Magiern* auftreten.

Achmâd in »Die vergiftete Wolle« ist der vom Schicksal mit dauerndem Durst geschlagene Mann, der in den *Magiern* gerade noch daran gehindert wird, vom vergifteten Wasser zu trinken. Hier nun fällt er einer Art Vendetta zwischen Mensch und Dschinn zum Opfer.

Âdda, der Stammesführer, ist, vielleicht zusammen mit dem Derwisch, die zentrale Gestalt in den *Magiern* und wohl die Figur, welcher der Autor die meiste Aufmerksamkeit geschenkt hat. Auch im vorliegenden Band sind dem Stammesführer vier Kapitel gewidmet (»Die Dürre«, »Der Stammesführer betrachtet den Schädel«, »Die Wanderung« und »Das Gespenst«). Âdda ist der, der »den Stab in der Mitte hält«, der versucht, ausgewogen und allen gegenüber gerecht zu sein, und der deshalb zweimal in seinem Leben von anderen verdrängt wird: einmal von einem Scheich des Kadirîja-Ordens, also einem Vertreter der Religion, einmal vom Sultan der neugegründeten Stadt, also einem Vertreter politischer Macht. Doch er überlebt am Ende die Vernichtung des Stammes und bildet zusammen mit Taffâwut das geradezu mythische Paar, das am Schluss der *Magier* hinaus in die Wüste zieht und auf dessen Schultern die Hoffnung für einen Neubeginn ruht.

Idikrân, der pockennarbige Seher aus der Welt der Magier, reist den Stadtgründern aus Timbuktu hinterher ins neuentstehende Wâw. Er verlangt die Rückkehr der Prinzessin, die sich ihrem Schicksal, Amanâj, dem Gott des Windes, geopfert zu werden, durch Flucht entzogen hat. Darum kooperiert er mit den »Schakalen«, die aus reiner Bosheit und Gier die Stadt und den Stamm zerstören wollen.

Têmet, die schwarze Seherin, die der eigentlich unstatthaften Magie nachgeht, entlarvt den Scheich des Kadirîja-Ordens, der mit religiösem Anspruch die Leitung des Stammes übernommen hat, doch dessen Lehren angesichts eines Kästchens mit Goldstaub (»Das Geheimnis des Goldstaubs«) in sich zusammenfallen. Aber am Ende kann auch sie der Verlockung nicht widerstehen, was ihr zum Verhängnis wird.

Achmûk, genannt Emestagh (= Schwälbchen), ist in den *Magiern* der geniale und effiziente Baumeister der neuen Stadt Wâw. In »Der Gott des Steins« wird die metaphysische Seite dieser Begabung herausgearbeitet: eine spezielle Neigung zum Stein, ausserdem eine verwandtschaftliche Beziehung zum Mufflon, dem Tier der Berge, die ihrerseits der Inbegriff von Stein sind.

Dem Amghâr, dem weisen Alten, ist auch in den *Magiern* ein eigenes Kapitel gewidmet. Dort rettet er, der Mufflon, den Hirten Udâd (= Mufflon), der frevelhaft für eine Wette den Berg der Unsichtbaren erklimmt, von dem er nicht mehr abzusteigen vermag und deshalb mit dem Mufflon verschmilzt. Der Mufflon ist im Werk Ibrahim al-Konis wohl das deutlichste Bindeglied zwischen Mensch und Tier. Immer wieder scheint er die Botschaft vergangener Generationen an die Nachgeborenen weiterzugeben, die sich trotzdem immer wieder an ihm vergreifen.

Am Ende steht Taffâwut, in der *Steinernen Herrin* ebenso wie in den *Magiern*. Sie hat von Udâd, der einmal für kurze Zeit in die Ebene herabgestiegen war, »das grüne Kind« empfangen. Doch dieses Kind stirbt mit dem gesamten Stamm, im grossen Kampf um die Stadt und um das Gold, und ihr, Taffâwut, bleibt am Schluss nichts anderes, als wieder aufzubrechen zu einem neuen Leben der Wanderschaft, gemeinsam mit dem Stammesführer, dem anderen Überlebenden.

»Vor ihm lag die weite Wüste, kahl wie die Vergänglichkeit.«

Mit diesen Worten enden *Die Magier.*

Hartmut Fähndrich

PS. Zur Erleichterung der Aussprache arabischer Namen wurden in der Übersetzung betonte lange Silben mit einem Zirkumflex (^) versehen.

Ibrahim al-Koni im Lenos Verlag
Aus dem Arabischen von Hartmut Fähndrich

Blutender Stein
Roman aus der Sahara
150 Seiten, broschiert, ISBN 3 85787 644 1
Lenos Pocket 44

Ein Haus in der Sehnsucht
Roman aus der Sahara
320 Seiten, gebunden, mit Schutzumschlag
ISBN 3 85787 336 1

Goldstaub
Roman aus der Sahara
167 Seiten, broschiert, ISBN 3 85787 649 2
Lenos Pocket 49

Die Magier
Das Epos der Tuareg
840 Seiten, broschiert, ISBN 3 85787 670 0
Lenos Pocket 70

Nachtkraut
Roman aus der Sahara
203 Seiten, gebunden, mit Schutzumschlag
ISBN 3 85787 278 0

Schlafloses Auge
Aphorismen aus der Sahara
144 Seiten, gebunden, mit Schutzumschlag
Mit 32 Fotos von Alain Sèbe und Berny Sèbe
ISBN 3 85787 320 5

Die steinerne Herrin
Ergänzende Episoden zum Epos der Tuareg
239 Seiten, gebunden, mit Schutzumschlag
ISBN 3 85787 354 X